U0052650

滄海叢刊

兒童成長與文學

——兼論兒童文學創作原理

葉 詠 琍 著

1990

東大圖書公司印行

ISBN 957-19-0039-7

國立中央圖書館出版品預行編目資料

兒童成長與文學：兼論兒童文學創作
原理／葉詠琍著--初版--臺北市：
東大出版：三民總經銷，民79
　　面；　　　公分--(滄海叢刊)
ISBN 957-19-0040-0 (精裝)
ISBN 957-19-0039-7 (平裝)

　　1.學前教育　　2.兒童文學—哲學，
原理
523.2

© 兒童成長與文學
——兼論兒童文學創作原理

著　　者　葉詠琍
發行人　劉仲文
出版者　東大圖書股份有限公司
總經銷　三民書局股份有限公司
印刷所　東大圖書股份有限公司
　　　　地址／臺北市重慶南路一段六十一號二樓
　　　　郵撥／〇一〇七一七五——〇號

初　　版　中華民國七十九年五月
編　　號　E 82055①
基本定價　叁元壹角壹分

行政院新聞局登記證局版臺業字第〇一九七號

兒童成長與文學　E 82055①　東大圖書公司

ISBN 957-19-0039-7

序　文

　　兒童由出生到長成，除了遺傳因素外，大半的氣質，全爲後天養成，據人類發展學專家們的說法，兒童如果是

- 生長於批評中，將學會論斷人。
- 生長於敵意中，將學會攻擊人。
- 生長於恐懼中，性格會變得焦慮。
- 生長於無助之中，常爲自己抱憾。
- 生長於荒唐中，總覺得羞愧。
- 生長於嫉妒中，便學會了懷恨。
- 生長於鼓勵中，會充滿自信。
- 成長於誠實中，學得了真理。
- 成長於安全中，會充滿信心。
- 成長於友愛中，將樂於存活。
- 生長於包容中，學會忍耐。
- 生長於讚美中，將學會欣賞。
- 生長於接納中，學會了愛人。
- 經常受到肯定，會識得自重。
- 生長於被認同，便有確定目標。
- 成長於分享中，便學會了慷慨。
- 成長於公平中，學得了公義。

　　可見，假使我們希望有更健全的後代子孫，今天，我們就應該更積極、更努力於教、養之道才行。

　　但是教、養之道，眞是一條又長又艱辛的路呵，爲人父母者，不但須謹守法則，還要身體力行，方可期望成效於萬一的，眞是「父母難爲」呵！

　　尤其重要的是孩子自出生之日起，教養的工作就需展開，而這自零歲到五歲這一段學齡前的心、身教養，又最關係她這一生的發展。美國一位大實業家曾說：「我一生最重要的東西，都在我上幼稚園時學得。」

　　我十多年來醉心兒童的研究，又因工作關係，常與幼兒十分接近，常將書上的理論拿到實際生活中去印證，自感有一點心得，也常爲之深思，多年如一日累積的結果，自覺可以提供初爲父母（或幼教工作者）參考，便一點一滴，寫成了此書，願與天下有心人共勉之！

葉　詠　琍

寫於香港沙田　一九九〇年二月

兒童成長與文學

——兼論兒童文學創作原理

(一)

新生嬰兒在六個月大以前，應以人體生理的基本需求為最重要，只有在妥善照顧了她的身體以後，再及其他，才是正確的養育之道。

例如她生活的環境，在注意到安全、舒適、溫暖、清靜後，還須特別注意到對幼兒官能刺激的佈置，像有趣的圖片、色彩的搭配、或嬰兒床頭的「轉動物」的選置，對她的發育、影響，都十分重大，忽略不得。

再者，嬰兒自出生之日起，父母親總是她一睜開眼睛就看到的人物，這父母親的出現、逗留、撫愛……種種，對她就意義非凡了。

而每當她哭、餓、不舒服（尿濕……等等）時，父母親又適時地為她解除了這些不暢，久而久之，她對父母親的信賴產生，為她日後的成長途徑，舖下第一層坦蕩的基石。

「餵食」也一樣，從吃奶到副食的加添，以至懷抱的姿勢，在在都有講究，馬虎不得。例如以前餵奶講究「按時」，

每四小時一次，現在，卻主張孩子餓了就餵的辦法。

又如以前強調孩子哭時，大人不應該趕緊去抱的行為，認為會慣壞孩子。現在，專家反而提倡嬰兒啼哭，適時被撫慰的重要。好像，許多事都「復古」了，又回到老祖宗時代的作法了呢。

處在這階段的嬰兒，吃了就睡，睡醒又吃，懞懞懂懂，好像什麼都不知道，其實，她的視力、聽覺、嗅覺等，都已逐漸有相當發展，到了五個月大左右，她對外界動靜，已能做出適當反應，對她最依附人的聲音、體味、形貌等，已知分辨，並產生莫大依戀及期待。心靈、精神的尋求慰藉，在生理得到合理的滿足後，日益增強、加大。

人生在這個階段，是與父母關係最密切的時期，尤其是日、夜照顧她的母親，更是水乳一般，不分彼此的。

有時，母親懷抱着她，嘴裏有一句沒一句的哼着小調、兒歌、或哄她入眠的搖籃曲，對她小小的心田，是多麼安慰與恬適呀！

例如美國有一首家喻戶曉的催眠曲（附原文），曲中父親哄孩子睡覺，編出一套說詞，押着韻來表達對子女的一片深情厚愛，雖然是胡說八道，嬰兒隨着韻律的波動，安睡在雙親溫暖的懷抱，能在不知不覺中，竟怡然入夢。這種從嬰兒時代就注入她脈博、血液的東西，可謂深入骨髓，終生不忘！

而這些，便是人類接受文學、美學的第一課，不但重

要，簡直就必須的!

（附文）　Lullabye （催眠曲）

Hush little baby
Don't say a word.
Pappa's gonna buy you a mocking bird,
If that mocking bird won't sing.
Pappa's gonna buy you a diamond ring,
If that diamond ring turn brass,
Pappa's gonna buy you a looking glass,
If that looking glass gets broke,
Pappa's gonna buy you a billy goat,
If that billy goat won't pull,
Pappa's gonna buy you a cart and bull,
If that cart and bull turns over,
Pappa's gonna buy you a dog named Rover,
If that dog named Rover won't bark,
Pappa's gonna buy you a horse and cart,
If that horse and cart fall down,
You'll still be the sweetest baby in Town.

Sleep child and when you do
Dream a dream.
To drift you through the night,
That lingers through the day.
Tonight if dreams are few,
I'll sing this lullabye for you.
Sleep child for dreams always come true.
Lullabye and goodnight.
May sleep softly surround you.
While your dreams fill your eyes,
With a melody of love.
May the moonlight embrace you,
The starlight caress you.
May the sunlight still sing you,
This lullabye of love.

　　另外一首搖籃曲的歌譜是一八七七年 一位當時十四歲的
女孩名 Effie Crockett 的創作，再配上「鵝媽媽詩集」中小
詩而成，一時風靡各處，流傳至今， 仍爲無數寶寶們安睡時
的仙音妙曲。（附歌譜、歌辭）

Rock-a-Bye Baby

EFFIE CANNING CROCKETT
Arranged by Dan Fox

Rock - a - bye ba - by on the tree - top,

When the wind blows the cra - dle will rock;

When the bough breaks the cra - dle will fall, _____

Down will come ba - by cra - dle and all.

搖籃曲外，一些無甚明確意義的山歌鄉曲，也同樣有此魅力，在純淨的幼兒精神世界裏，佔着永不動搖的牢固地位。

例如江西有一首兒歌，它的原文是這樣的：

推籠仔，嘰咕喳，養隻豬，沒尾巴，

把來殺，殺鍋血，把來蒸，蒸把筋，把來余，余鍋湯。

上屋婆婆一碗，下屋婆婆一碗，嘰咕嘰咕嘰咕。

通常，大人將孩子置於膝上，面對着面，雙手拉着孩子的雙手，一邊唸，一邊用手一收一放，唸到最後，伸手去抹孩子的脖子，像殺豬的樣子，她會樂得咯咯笑哩。（必須用方言唸才押韻）。

奉勸天下的年輕父母親們，這些看似不太典雅的村野之作，其實卻飽含了愛的瓊漿玉液，當你們懷抱着寶寶時，請盡情地唱，並開心地跟她玩吧！

在人類發展學上，先賢們已由實驗及長期的觀察中，證實一個經常有大人懷抱、逗樂的嬰兒的發育，遠比一個缺乏這些愛撫的嬰兒好。（註一）

例如有些職業婦女，在生下孩子後，因必須回到工作的崗位，就非得將新生嬰兒托人代管不可，而有的托嬰中心，因人手不足，甚或愛心不夠，對待嬰兒的方法就十分冷淡及機械，嚴重影響了孩子的一生，是極堪憂慮的。這情形是許

註一：此實驗稱「韋恩丹尼斯實驗」，發生在一九二〇年代美國克拉克大學。

多有此打算的年輕父母們，不得不慎加考慮的呢。

　　所以嚴格地說，養育之道實開始於嬰兒未生之時，在剛剛準備有孩子的當兒，先問問自己：「我會有多少時間給她？」

（二）

孩子到了八個月到十四個月大，就已到了學習生活基本技能的階段，如站、爬、坐、走，乃至說話等。但也是最需要大人跟在後面的時候，一個不小心，就會跌入危險的境地，甚至發生意外。

玩，是這年齡孩子的生活主調。

孩子來到這個世界，是準備要她將來擔負重任，繼續宇宙未來的生命的。她的生存，意義何其深遠偉大呢。也正因為如此，我們對子女的教養，才慎而重之的呀。而這年齡的「玩」，實際就是學習哩。

哈佛大學曾做過一個研究，探討遊戲對三至五歲的兒童之問題解決能力的影響。研究者請孩子們從一個箱子裏取出一件物件，但這個箱子放得很遠，孩子就算伸長雙手，也無法碰到的，但孩子的身旁，放有兩根短棒和一個螺絲鉗，研究者任由孩子自我發揮，運用這些僅有的工具，去解決眼前的難題，其實解決的方法就是用螺絲鉗把兩根短棒夾緊，連成一根長竿，然後用此長竿去取遠物而已。

在孩子們試行解決這個問題之前，研究者把孩子分成數組，給予各組不同的訓練。

A組的兒童，仔細觀看研究者演示夾住短棒接成長竿的原理，但研究者並沒有示範用長竿取物的技巧，此稱為「觀

察原理組」。

　　B組的兒童，研究者教他們實際學習用螺絲鉗把兩根短棒夾起來，但研究者亦沒有指導他們，可以用這長竿去取遠物的技巧，此稱爲「操作用具組」。

　　C組的兒童，仔細觀察研究者如何接駁短棒及運用此長竿去取遠物的整個工作程序，此稱爲「觀察解題過程組」。

　　D組兒童，並無任何專門的訓練，但他們有把弄及玩耍這些工具的機會，此稱爲「遊戲組」。

　　E組的兒童，對這些工具，完全沒有觀察或玩耍的機會，此稱爲「不見工具組」。

　　研究結果發現，C組的「觀察解題過程組」與D組的「遊戲組」，在問題解決測驗中的表現一樣的好，此兩組的成績，遠比其他三組好很多。由此可知，遊戲對孩子的問題解決能力的發展，是甚有裨益的。

　　「躲迷藏」也是一個好遊戲，因爲那種失而復得的快樂，對他們是一種賞心樂事。

　　此外，騎木馬、或坐上有輪子的玩具，在有限的空間打轉等，也爲他們所喜愛。稍後，騎三輪腳踏車，幾乎是所有男孩、女孩最最沈迷的遊戲之一，而且持續最久，等到了上小學、上中學喜歡踏二輪腳踏車，都可視爲是此一嗜好的延長。

　　還有，拖或拉大型玩具，既訓練了他們的體能，也給了他們滿足感，很是有益。

總之，在這階段的孩子，喜愛他們自己能參與的一切玩具與活動，甚至能發出聲音的玩具，也較能夠吸引他們。

專家認為，孩子在這年齡是對外界各物發生最大好奇、趣味的年齡，什麼都想動一動、吃一吃。大人很自然容易對她說許多「不行!」、「不可以!」但太多否定他們行為的命令，極易引起她日後的反抗或退縮。較好的方法是在她的活動範圍內，儘可能佈置地對她又安全、又有利，那麼，她就能「自由」去探險、去滿足好奇心，而又不至被呵責這不行、那不可了。

專家並說，多與你的寶寶談話，各種物件的名稱、叫法，她四周的形形色色，都是談話的內容，不要以為她不出聲就是她不懂，不必跟她囉嗦，事實上，她正照單全收呢!

許多說話較遲，但一開口說話，就能說很完整句子的孩子，便是基於此一道理哩。歷史上有許多例子可舉，我國唐代大詩人白居易，不是就是如此的嗎?

比如有個孩子名叫「魯廸」的，當他剛來到我們中心時，雖已三歲多了，不但不說話，對任何人問他問題，他也不理不睬，最多只重複一遍你的問題。例如你問他:「你要不要吃餅乾?」他就說:「你要不要吃餅乾?」拿他毫無辦法，叫他做什麼，他也不聽，只玩他的。

但是，我們很耐心地待他，慢慢地，他也會來參加一些活動，和別的小朋友一起，但仍不說什麼話，由於溝通不夠，容易引起誤會、糾紛，蠻頭大的。

可是，二個月後，有一次輪到他作「隊長」，他領先去排隊，然後一一唱名別的孩子去站好，他竟叫出全班十幾名孩子的名字，而且一字不錯，令我們大為驚奇，也歡喜異常，到底，他的「金口無誤」，證明了他二個月來在班上的「專心吸收」呢。

所以，幼兒生活的環境，一定要是活潑而富生趣，優雅且多變化，對他們的發育，才會有利。

美好的音樂，也永遠是孩子心靈無上的妙品，而且，不要怕古典音樂太「深奧」了，孩子無法領會。其實他們的耳朵異常靈敏，那和諧的音符，就像對他們訴說着不盡的故事呢！他們愛聽極了，既使是在睡覺，也請放點音樂陪伴寶寶吧，不知不覺地，他們就獲益匪淺了。

當然，一些押了韻的小詩、童歌，是這年齡最佳的讀物，由成人唸給孩子聽，宛如淙淙清泉，灌注他們寧靜的心湖，在他們的精神領域中，發生着啓示、引導的作用，成為他們成長中最原始及最重要的心靈養分。

　　例如我在一份菲律賓華文報紙上看到一 首這樣的小詩幷插圖，唸唸看，不是很可愛嗎？

小　　懶　猪

　　白猪和黑猪，
　　一起去買布。
　　走到半路上，
　　躺下打呼嚕。
　　呼嚕嚕，呼嚕嚕
　　睡到太陽下山嘍。
　　黑猪怪白猪。
　　別怪別怪，
　　都是小懶猪。

　　小孩子一定喜歡，她也許還不太懂全首含義， 但「猪」呀「嚕」的，她就會被吸引，而樂於傾聽了。

（三）

事實上，三歲以前的孩子，是十分情緒化的。一個二、三歲孩子的一切行為，都依她當時的情緒如何而定。「自我中心」思想又特別強烈，一會兒這樣，一會兒那樣，完全沒有標準，變化多，且快！

其他特質還有：

獨立——

注意力短——

他們也從這個時候起開始了玩幻想遊戲，也就是他們「抽象思考」的具體表現及成長，你會看見他用玩具電話煞有介事的打電話，或扮「家家酒」、裝小狗爬、小貓叫……。這些，對他日後的生活，是有積極意義的，千萬不可阻止她這方面的玩耍，更要多方提供這類環境給孩子才是。因為，孩子的腦子，已超越了他現實四周的局限，走向無垠的遼濶中去了。

在這個年齡的孩子好動、好奇、好說、好玩外，他們仍然也好聽故事，及愛好有韻的兒歌、詩……等等。更奇怪的是，他們不怕重覆，只要好的，就是千遍也不厭倦呢。而說也奇怪，那些作品的內容、字眼，他們不一定全懂，但他們卻絕對分得出好、壞。壞的作品，他們立即揚棄，毫不含糊。

「鵝媽媽」、「各地兒歌、童詩……」等像無窮無盡的寶藏，它們，安慰了世世代代的小小心靈，也啓發了這些心靈，創造出更偉大的人類文明。

像大家十分熟悉的：

One, two, three, four, five,
Once I caught a fish alive.
Six, seven, eight, nine, ten
Then I let it go again.

Why did you let it go?
Because it bit my finger so.
Which finger did it bite?
This little finger on the right.

孩子不但愛人家唸給她聽，還喜歡人家唱給她欣賞，久而久之，她也可以和着拍子，說出一、兩個句尾的字，如 five, alive,……。然後再久而久之，聽多了，便突然有一天差不多可以全首背出來了，讓你驚喜不已。

這情形相信許多人都有經驗的。「老麥當奴有個農場」、「吧……吧……小黑羊」、「小星星亮晶晶」、「倫敦鐵橋」等，不都是大家耳熟能詳、可能自小就接觸到的小詩歌嗎？ 它們可以完全不必硬記，也無所謂國界，便自然而然在全世界的人中，被牢記在心的。

中國的兒歌也是又多又好，俯拾皆是的。

例如一首連鎖調是這樣的：

月亮奶奶，好吃韮菜，

韮菜不爛，好吃鷄蛋，

鷄蛋不熟，好吃猪肉，

猪肉不香，好吃生薑，

生薑不辣，好吃小鴨，

小鴨一咕嚕，下水不起來。

完全是遊戲的口吻，將日常食物，編在一起逗樂，兒童焉有不喜歡的？

再比如一首「小皮球、香蕉油」的兒歌，它說：

小皮球，香蕉油，

滿地開花二十一，

二五六，二五七，

二八，二九，三十一；

三五六，三五七，

三八三九四十一，

四五六，四五七，

四八四九五十一；

五五六，五五七，

五八五九六十一，

…………

…………

九五六，九五七，

九八九九一百一。

　　十分順口、流暢，聽着悅耳，唸着好玩， 自然可以吸引孩子的。 還可以拿它來配合動作， 舞蹈用，流傳廣遠，又何可限量呢？

（四）

三歲以後的兒童，進入了幼稚園，開始脫離家庭的小圈圈，進入人生的另一境界。

因為年紀小、好活動，對周圍的世界充滿了想了解的衝動，對什麼都有興趣，對什麼都盤根究底，要澈底弄個明白，所以好奇心特重，不是提問題提得太多，令人招架不住，就是輕舉妄動的結果，引起無數麻煩，甚至危險。

關於這一點，只要有與這年齡兒童接觸過的成人，都會有所認同與共識，無庸置疑。而且，愈是禁止的，就愈發引起他們的好奇心，總想逃過監視網，一窺其中究竟為樂。

針對兒童此一特徵，歷來的兒童文學家曾創作了大量的讀物，來加以揭發、指引。著名的作品，不勝枚舉，比如美籍作家 R. Ray 的「喬治猴子」一系列的圖書，便是其中的佼佼者。

像「喬治找到了工作」一書，作者描寫喬治猴子不耐動物園中的刻板生活，偷了管理員的鑰匙，逃出牢籠，再搭上公共汽車去市區，經過一連串冒險，反因禍得福，得到了一份工作。又不料在工作中，因為好奇、好動的本質，發生了更多驚險、刺激的事件，最後才在輕鬆、愉快中，結束了全文。縱觀全書，充滿了緊張、活潑的趣味，完全符合兒童的本質與心理，兒童在看畫聽故事之餘，最易引「喬治」為知

己，而進入故事，渾然忘我。

他這一系列書，其他有「喬治得了獎章」、「喬治進了醫院」、「喬治騎腳踏車」、「喬治與救火車」、「喬治滑雪翹」⋯⋯不下二十餘種，無不是以喬治來影射孩子，只有對孩子了解愈深，才能寫得入木三分，深入童心，兒童聽它們，彷彿面對一面鏡子，將自己看得一清二楚。

我們大人不是有「酒逢知己千杯少」的痛快嗎？覺得在人生旅途中，有一些志趣相投的朋友長相左右，是十分重要的，兒童也一樣有此需要，但他們的生活面不廣，到哪去找知己呢？只有求諸玩具、書冊了。

這一套書，它成功的地方除了故事內容外，圖畫的生動、自然，也是它所以受歡迎的另一重大因素，猴子的形象明朗，其他人物、景色，也無一不精彩、美妙，顯示了執筆者的專業水準和獨特畫風哩。

另外，值得注意的是，作者對喬治的「好奇心」，強調了那發自本質的「不克自制」性，換句話說，這是天然本性，從娘胎中帶出來的，往好的方面看，它是一切人類文明進步的原動力，往壞的方面看，它往往又是招災惹禍的根由，大人適時適當的引導、輔助，乃是不可或缺的啊！

兒童的另一個特徵是自我中心，對任何事件，都以自己的觀點來判斷，而不管別人的看法如何。他們正處在「只知有我，不知有人」的階段。雖然，他們也知道自己周圍有種種的人存在，可惜在他們小小的腦袋中，還不會設身處地，

只想當然耳地，認爲「人人爲我」哩。

　　許多宗教家，甚至據此來證明人的「原罪」性，　說人而自私，與生俱來。事實上，這對兒童來說，是不公平的，　原因是她心、身發展至此，還沒有能力突破自我的意識，　進入客觀的境地，她一點也不知道自己乃滄海一粟，　並非宇宙中心的道理。

　　但我們成人，已過了那發展期，如心智仍停留在「小兒」階段，　終日發號施令，　以爲人人該爲他而活，　那就不可原諒，犯了嚴重的「幼稚」病了。

　　我們幼兒中心，就有一個小女孩，名叫「阿里西亞」，十分可愛，　胖嘟嘟的面龐，　誰見了都想擰一把，　眞是人見人愛。每次大家排隊報數，不論她站在第幾號，輪到她時，　她一定大聲說「三」，　決不理會她身旁的人已報過「八」呀「十」的，你如說「妳該是九」或「十一」啦，　她就大聲抗議：「我三歲」。而且屢試不爽，很長一段時間不接受「此數非彼數」的觀念，頑強程度，無與倫比。

　　她的表現，十足說明了她的「自我意識」，是她當時唯一意識，毫不足奇。

　　「魚就是魚」(*Fish is Fish*-by Leo Lionni) 便是一本以此爲主題，極爲出色的兒童讀物。借一條魚與一隻小青蛙的交談，　把兒童的這種自我意識，描寫得生動、有味、個中情趣，極耐細嚼。

　　書中，小魚從未離開過池塘，除了一隻小青蛙外，　也沒

有見過任何其他動物，所以，當青蛙遠去遊歷 （青蛙兩棲，自然可去陸地遨遊。），返回池塘，向小魚敍述牠的所見所聞，牠口中的牛啦、人啦、孩子啦……等等，在魚腦中，全都有一點像魚哩。魚就是魚，牠大概以爲全世界盡是魚的天下吧?!

兒童喜歡「魚就是魚」這類故事，便是他們就像那條魚一樣，所以他們了解故事中的魚的思想、感情，接受起來，沒有一點障礙，爲什麼說我們寫兒童讀物一定要具備「童心」呢？道理卽在此，我們成人雖遠離了童年，如果能找到兒童特有的認識世界的方式、審美方式、思維方式、行爲方式，爲他們創作文學作品時，便駕輕就熟，減少不少困難與隔閡了。

選擇好的讀物給孩子欣賞也一樣，要以他們的角度來評估，但這裡所說的依孩子的喜好，又決不是亂依一通，難道他喜歡打鬥、暴力，也依他不成？而是依他們本質中善的東西，或者說最少是不惡的東西。

有選擇性地「投其所好」和「因材施教」，該是我們養育下一代時，很重要的課題及認識吧?!

「賣帽子呵！」(*Caps for Sale*-by Esphyr slabodkina) 是一本很有意思的書。故事十分簡單，寫一個小販頭頂帽子，沿街叫來，賣不出去，只好餓著肚子，在樹蔭底下午睡，一覺醒來，不見了頭頂上的帽子，到處尋找，原來被樹上的猴子們拿去，一猴一帽，滿樹盡是。小販見狀，大吼大叫，猴

子們也大吼大叫，卻不還他帽子。幾經波折，小販生氣， 將自己頭上僅有的一項帽子摘下， 擲在地上，猴兒們見了，也一一摘下帽子，擲下樹來! 小販才得回帽子，繼續叫賣。

這一故事， 孩子們聽了， 沒有不喜歡的 。 有一個小女孩，在聽了這故事後，以後的整整兩個禮拜， 每天都在書架上取下此書，要我為她念。好像百聽不厭。 最後她自己都會背了，還拿來要求為她講。我講一句，她就接下一句， 連我都煩了， 她還津津有味: 「講呀， 猴子 『吱! 吱! 吱』」。連說帶比， 得意至極。

原來，這故事借著小猴子善模仿的特性， 將孩子在這方面與猴子無異的本質，抒發得不溫不火，恰到好處， 孩子喜歡， 又豈是意料之外?

古往今來的好作品，仔細分析，都會在人性本質上， 有恰到好處的拿捏， 不然 ， 不會感動人心， 令人為之心馳神往，廢寢忘食。

「紅樓夢」如此，「約翰克利斯多夫」也一樣， 所有好的成人讀物之所以吸引我們，便是我們的若干內心世界， 在這些作品中有著某種程度的浮現、反映，而這些， 又往往在現實生活中隱遁了、淹沒了。讀到賈寶玉、 林黛玉那種生死相許的愛情，我們心自然而然醉了，因為我們內心也有夢， 有吶喊呵; 讀到約翰克利斯多夫的困頓、奮發， 我們情也不能已，為的是那也是我們的遭逢，我們的心聲呵!

兒童讀物也相同， 當作者創作時的感覺與觸角和兒童的

感覺與觸角融爲一體，作者就像兒童一般，擺脫了成人世界的包袱，進入了沒有成見地、自由地、平等地、齊一地、又具幽默美、幼稚美的天地之中去創作，寫出來的東西，自然貼切童心。

可是，如果只一味跟著兒童的感覺走，卻又不行，因爲兒童到底無知，如不加上作者的才智、判斷，文字技巧……等，作品也就了無深意，不值得一讀再讀，甚至研究了。

舉個例子吧，比如英籍作家 A‧A‧Milne 的「溫妮普」，它一開頭便是：「很久很久以前，大約上個星期五吧？」成人一看，也許立卽嗤之以鼻，說：「胡說八道，上個星期五怎麼可以說是很久很久以前？」其實，只要對兒童有研究，就會知道兒童對時間的觀念要等上了小學以後，才逐漸養成，在此以前，他們是搞不清楚很久以前是什麼時候的，「上個星期五就是很久以前了」，是十分符合兒童的觀點的。

另外有一情節是說溫妮普小胖熊有一天很無聊，就想到要去找「克列斯多夫」，問問他到底愛不愛自己。這一舉止、思想，也很「兒童化」，具備了幼稚美。孩子就常是如此「無事忙」的，和孩子接觸過的人都會了解，作者這樣寫，正可見出他對兒童是有深入的觀察、認識，並將這些了解與認識，織入書中，溶於情節，兒童讀它，當然有如面對知友，彼此心心相印啦!

"Fish is Fish" 插圖

（五）

我們一般人都認為兒童是最純、最美、最善，也是最真的。

其實，兒童是人，也有人的一些缺點。例如，三、四歲的孩子，已懂得如何向人討好、買乖、或欺善、怕惡。專橫的父母，子女容易有逢迎、逃避、或說謊的習慣，而民主的家長，兒女就表現得明理、公正，富同情心與具人道精神。

我因工作的關係，與孩子朝夕相處，為了深究兒童文學，對兒童也就格外用心觀察，我聽他們互相交談、看他們一起遊戲，發現孩子雖只小小年紀，卻人如其面，各不相同，絕不能以「純」、「真」、「美」、「善」幾個簡單的字，概廓形容一下就夠的。他們中有極善、極純、極厚的，有的人小鬼大，花招不少，與父母的身教、言教，關係至切！

但他們唯一相同的是——美！

除了極少數特別的例子外，沒有一個孩子是不美的，所有的孩子是多麼美麗，他們幼嫩的肌膚，明亮的眸子，清新的精神，靈巧的身子，在在都吸引着人，令人愛煞！

記得我們幼兒中心，曾來過一個孩子，當我第一次看到她時，她大約四歲左右，因為是個黑孩子，一臉黑黝黝地，那天又正值大家午睡初起，室內光線很暗，我看不清她的五官，只覺得她太黑了，心想：「這孩子多可憐，這麼地醜！」

以後幾天也就沒太注意此事。 直到有一天又值午睡之後，大家正起床， 她也剛睡醒， 坐在床上發呆， 窗外一束光線射來，正射在她身上，我猛一見她，只見她雙眸如水， 清澈似鏡，高高的額頭，平滑光亮，雖然仍黑，卻黑中帶俏， 一股俊秀之氣，溢於額角眉梢，我的心頭一亮， 不覺跌腳嘆道：「她多美呀！怎麼以前還以為她醜？太荒唐了！」

　　天底下，真的是沒有醜的孩子。公園裏、巴士上， 任何一個你可能看到的孩子， 或依偎著成人， 或獨自在幹著什麼，他們情態萬種，各不相同， 嬌憨可掬，散發一股青春的光輝，多麼耀眼。

　　孩子的美，感動着成人， 也是驅使成人為他們做一切努力的原動力！

　　兒童的真，也確實是假不了的。 一時一刻感情的流露，都是真情的表白，只是，這種真情維持不久而已。 以我前面提到的那個小女孩「阿里西亞」為例吧， 她最怕有人說她「不乖」、「不好」。偏偏，有個很捉狹的女孩，名叫「柯林」，最喜歡捉弄她， 常常說： 「阿里西亞不聽話， 不乖。」 或故意跟別的小朋友說： 「阿里西亞不好， 我們不要跟她做朋友。」「阿里西亞」聽了， 一定傷心欲絕， 好像她的世界末日來臨，或什麼人宣佈了她的死刑，涕泗橫流， 毫無保留，哀哀切切，一副痛不欲生的模樣。

　　這一刻， 她是真的被傷害了， 但是雨過天晴， 不留痕迹， 只要我們適當地處理了 （處罰肇事者而安撫無辜者），

一下子就沒事了，「阿里西亞」很快就恢復常態，笑跳如故，將先一刻的懊惱，拋到九霄雲外。而更妙的是，她和「柯林」，又可能手拉着手，親蜜逾於他人哩！

因為眞，所以純，這似乎是理所當然，很合邏輯的。又因為純眞，便善良了。當然，兒童不是不善良，他們清新的心靈，的確是富於同情心與正義感的。但是，兒童也是人，本質上也只是純人性而非神性，雖然，他們因著年齡小，被社會污染的日子淺，人本性上的弱點，兒童仍具備的，例如自私、自利、好逸、惡勞……等等。

我們中心的小朋友，玩了玩具，如沒有規定善後的工作也由他負責的話，他玩夠了，一定是拍拍屁股，一走了之，很少是會主動清理玩具放回原處的。為了預防糾紛，我們明確規定，嚴格執行。縱是如此，偶爾，還會彼此對賴，想擺脫責任，逍遙法外呢！

如果有一個孩子玩了玩具，到時候不歸還原處，我們對付她的辦法就是「明天或這一禮拜，她都不可以去玩這個玩具了。」多半，孩子為了保護自身權益，都會趕快去收。但如她還堅持不做的話，老師也一定要堅守自己訂出的處罰，明天或這一禮拜記住不准她再去玩。久而久之，規矩建立，孩子就有「法」可循了。不然，光憑孩子姣好的容貌、清純的心境，就可以期待一個和諧的小小社會了嗎？事實上是不可能的。他們之間，也靠「理」、「法」來維繫呢！

「先來後到」秩序的維持，也是從這個時期開始，要堅

持公平做到的一項「民主修養」，決不可令任何一個孩子有享「特權」的傾向，乃至養成惡習，長大以後，貽害社會。

「尊重別人」的觀念也需從小養成，習慣成自然，將來長大成人，才會成為一個民主、法治社會的棟樑之才呵！

「大簡」年方三齡，長得白胖可愛，尤其頭腦聰明、家教良好，顯得十分出眾。許多孩子，在他這個年齡，連話還說不清楚，「大簡」卻已經認得許多字了。特別還有些罕見字，他也能朗朗上口，對答如流，如「八角形」、「六角形」、「章魚」一類。

有一天，他為了想跟另一小男孩玩，亦步亦趨地、緊緊跟牢，還對我撒下漫天大謊：「我需要跟住他，不然他會迷路的。」一本正經，令人笑煞。

又一天，他玩著玩著，突然哭了，我問他哭什麼，他說想媽媽，我說：「她在工作賺錢呀，賺了錢才可以幫大簡買吃的，像漢堡啦、炸雞啦。」他靜靜聽著，這時急著接口道：「還有炸薯條、甜圈圈。」將他愛吃之物，一一數遍。待數完食物，胖胖的臉蛋上，淚珠猶在，但「笑」已爬了上來，佔滿他眼角、口邊。

這說明他縱然外形有如天使，天真爛漫、無邪無疵，內在，他仍只是個極富人性的孩子，有為自己行為找藉口等一切人的通性、弱點，我們為什麼因為孩子有一些成人沒有的特質，就硬把他塑造得完美無缺，那麼神聖而不真實呢？這實在是不可取的。

　　近代教育學家了解了這點，影響所及， 兒童文學作家下筆時，也不會再 「閉門造車」， 睜眼說瞎話了。 他們書中的人物，也是有缺失，有弱點的有血有肉的人了。 他們總是告訴孩子，有缺點不要緊，要緊的是努力將缺點改正， 不然，就不是好孩子了。

　　例如美籍Eric Keats的 「彼得的椅子」(*Peter's Chair*)一書， 描寫小男孩嫉妒初生妹妹的心理。這種心理， 乃是本性，既得利益，當然不容被人瓜分， 原本獨得父母的厚愛，如今多了個 「奪愛」 的人，如何服氣？ 於是對初生兒產生種種排斥 。 雖然故事的最後還是友愛的情緒， 化解了這些不滿，但過程的描述， 卻讓現實中真正懷抱同一情緒的孩子，在書中找到了 「知己」。享受到 「與我心有戚戚焉」 的安慰。

　　證實「吾道不孤」最大的好處，是建立了人向整個社會認同的信心， 從此,她是社會的一員，有為它貢獻自己才智的責任，而不會自認「與眾不同」， 走向極端， 做出偏激的事情。

　　美籍Ann Herbert Scott的 「母親的膝」(*On Mother's Lap*)，也是同一類型的故事。寫一對愛斯基磨母子，在多日午後的時刻，相依相偎的甜蜜。兒子坐在母親膝上， 搖呀搖的， 溫馨異常， 享受之餘，兒子又從架上拿來洋娃娃， 分享母親的膝頭,再拿來其他玩具，小船呀、小鹿呀、小狗等等。但是突然間，室內的嬰兒啼哭聲打破一切美好， 母親說： 「妹妹哭了， 她也要抱抱呢! 」 兒子立刻說：「沒位子了， 坐不下了。」母親說：「擠擠看， 母親的膝永遠是有空間的。」

於是，妹妹緊挨著哥哥，哥哥懷抱著他所心愛之物，大家在母親膝上，搖呀搖、搖呀搖……。

這是多麼美麗、和諧的畫面。也是多少世紀以來，全人類努力追求的目標啊。從小在孩子心中印上此「藍圖」，他不也就自然而然成了此美景的追求及嚮往者嗎？

再者，我們知道人年輕時，心境自由，想像力豐富，所以小孩子的幻想最多。不論現實怎樣，在他心中，都可能另有一片天地，與他身處的環境，完全不同。這也就是為什麼孩子的適應力特強，什麼情況，他都能處之泰然的緣故。

許多童話故事，大人都會嗤之以鼻，認為不屑一顧，可是孩子看它們，卻一本正經，以十二萬分嚴謹的態度對待的。在他們心中，沒有什麼事是不可能發生的，只要他們認為可以，就可以，童話中的神奇力量，在他們的天秤上，是頂自然、頂真實的呢。

我有一些朋友，他們對童話中的許多情節，提出批評。例如有的說「灰姑娘」中最後她被王子看上，當了皇后，是鼓勵人存「不勞而獲」的心理，很要不得。但是孩子不這樣想，「灰姑娘」她勤快、善良、美麗、被欺負，都是造成她日後揚眉吐氣、當上皇后的自然結果，是最合理，最大快人心的收場哩。

另外有人認為「白雪公主」不應該安排她最後被王子救活，並與王子結婚等，「無形中鼓勵了愛慕虛榮的心理，讓孩子個個夢想自己變成白雪公主，遇見白馬王子。」大人

們說。 可是他們沒想想， 白雪公主的無辜、 美麗以及善待小動物及七個小矮人的心腸， 才是她贏得最後勝利的先決條件， 孩子想變白雪公主， 最少也要像白雪公主一樣好才行呵。沒有一個母夜叉型的人， 也夢想自己成了白雪公主， 被王子愛上……。孩子雖富於想像，但還是蠻「理性」的， 請記住他們雖小， 但絕不含糊啊。

優良的童話故事， 對孩子的影響， 絕對是正面的、 積極的!

原來， 人類的「想像力」是與生俱來的， 教育家曾試驗一個六至八個月大的嬰兒，將一塊好吃的點心給他看後， 再將點心藏在紙片下，這嬰兒會將紙片推開， 找到點心， 就證明了他能在物體（點心）不在眼前時， 腦子裏還會想到它，這就是最早的「抽象思想」的萌芽，日後想像力的發揮、 運用， 也全由此出發， 將來爲詩人、爲音樂家、爲科學家、 爲發明家， 都是這點想像力的發揚光大呢。

反過來說， 人類的想像力如得不到充分的鼓勵、 配合，隨著時日的增長， 它是會逐漸變得薄弱， 甚至完全消失的。

請看看四周， 你不難發現許許多多已完完全全沒有了想像力的人呢，他們不是生來就這樣的， 他們是被環境造就、歲月摧殘成的。

前面說孩子的想像海濶天空，不是環境所可限制， 但仍基於「理性」， 並非毫無條件的亂想。 關於這點， 容我再舉一、 兩個例子來說明。

　　我本人愛好繪畫，沒事時，我最喜歡塗塗抹抹，以為娛樂。我的工作對象又是孩子，所以我在孩子面前露一手的機會就多得很了。許多孩子，知道我愛畫，只要我一坐下來，他們就拿來紙張、畫筆要我為他們畫點什麼，有的要貓、有的要狗，各種要求，不一而足。

　　記得有一次有個孩子要我畫棟房子，當我畫「門」時，她提醒我：「不要忘了畫上門把啊，沒有門把，怎麼開門呢？我家的門是黃色的，妳也要給我畫黃的！」你看，她多實事求是呢？絕大多數孩子，都是如此「講究實際」的！

　　所以，當他們讀作品時，內容可以是純想像的，但本質卻不能不合理，不合理的想像，沒有人會接受，童話故事與現實生活絲絲入扣的道理，即在於此。因此，白雪公主也好，灰姑娘也好，她們雖身處逆境，卻不喪失追求幸福的勇氣，更不改變自己處世的態度，才是最最可取的，大人們不在這上面肯定童話故事的正面價值，卻在「結局」上以自己的標準胡下斷語，真是孩童不如，令人遺憾！

　　好的童話故事，不論情節多麼簡單，精神上都有這種經得起分析的本質的，而且愈經研究，就愈發現它們「以小喻大」的不朽性。否則，在人類漫長的文明洗禮中，哪有它們的立足之地呢？

　　所以，這種「童話精神」延續的結果，一切好的以「幻想」為形，以真實生活為神的作品，都有這種「一粒砂一世界」的通性，不但不怕分析、研究，而且愈經分析、研究，便愈

發現這些故事的不朽，它們對人的啓示， 往往不下於一部曠世巨作哩！

下面，我就舉出一些好的現代作品， 來看看它們對人生產生的優良影響吧！

「小引擎幫大忙」(*The Little Engine that Could* (by Watty Piperv

寫一部運玩具的火車半途拋錨， 爲要及時送玩具給後山村的孩子，火車見到別的引擎就請求幫忙， 別的引擎卻各有困難，都幫不上忙。最後，遇到「小引擎」。「 小引擎」雖小，力量薄，但一經請求， 立刻毅然承擔下了這重任，在推動火車時 , 小引擎不斷給自己加油，說:「我想我能! 我想我能! 」終於，完成任務，將火車送到了目的地。 後山村的孩子見到玩具如期抵達，歡聲雷動，使「小引擎」 深覺辛苦有代價，值得。

這本書作者以「小引擎」比喻孩子，了解兒童 「人小志大」的本性，將「小引擎」的努力，映射到孩子心裏， 尤其當「小引擎」背伏著大火車，翻山越嶺，艱辛備嚐， 而口中卻鼓勵著自己， 說:「我想我能， 我想我能」， 果然戰勝困難，發動了火車時，眞直搗兒童心窩， 代千萬孩子發言了。孩子讀著，焉有不雀躍之理?

事實上，這「我想我能，我想我能」 (I think I can, I think I can) 的話，早已成爲美國民間的諺語，許多人在遭逢困難時，就喃喃自語它兩遍，據說， 還眞能化險厄爲力

量，衝破難關呢。

　　這情形正如人們對一位歷經困苦，終能出人頭地的女子，稱爲「灰姑娘」，或對一位冰清玉潔的麗人，喻爲「白雪公主」，道理一樣。「灰姑娘」、「白雪公主」這些故事，深入人心，其中人物，已是某種典型的代表，成爲成語，不正是它影響深遠的最好說明嗎？

　　「我想我能，我想我能」也是同理，成了自我期許的口頭禪。而「綠野仙踪」中通往巫師居處的路是一條舖了黃色磚頭的大道，是桃樂斯和稻草人等找到巫師，得到了他們所希望要的東西的路，所以現在每當人們說：「Follow The Yellow Brick Road」，也就是「通往希望之路」的意思了。

　　兒童讀物左右人們的思想、生活，由此可推知一、二。

「太吵了！」(*Too Much Noise*) by Ann McGovern

　　這本書寫一個人嫌自己的居處太吵，而去請敎高明「還我清靜」的辦法，不料高明人士竟指示他在家裏添條牛，嫌更吵後又要他添隻驢，然後羊、鷄、狗、貓的一直添下去，直到房中擠得水洩不通，高明人士才讓他將牛、驢、羊、鷄、狗、貓一一除去，只留得原有的床板聲、落葉聲及茶壺沸水聲，至此，主人方得「安寧」，再不覺吵鬧了。原來，「事非經過不知道」、「人在福中不知福」，不經過那麼多動物擁擠一堂的鷄飛狗叫的不堪，那知坐擁風聲、水聲的安祥？作者用了「比較法」來諷諭人「失去後方知寶貴」的道理，也用了許多不同的聲音營造這故事的音響效果，例如牛

的 "Moo-Moo"、驢的 "Hee-Hee"、羊的 "Baa-Baa"、鷄的 "Chuck-Chuck"、狗的 "Woof-Woof"、貓的 "Mee-ow, Mee-ow" 以及木床的 "Creaks"、地板的 "Squeak"、落葉的 "Swish-Swish"、茶壺的 "Hiss-Hiss"。孩子愛聽這故事，就是被這些「擬音」所吸引， 全書讀起來更如一首詩般，優美動人了。

一個簡單的小故事，卻蘊藏著極深刻的人生大道理， 又用一種近乎詩的篇章去表現，這作者，不是天才是什麼？ 這樣的書，許多成人如以為是兒童讀物而不屑一顧， 損失又豈可以道里計？

「毛毛蟲」(*Calpeelaer*) by Brian Wildsmith

一本再簡單不過的書， 寫一隻小毛毛蟲由卵化蟲，再蛻變成蝴蝶的經過。孩子喜歡此書，基於兩個原因：

第一、戶外的小毛毛蟲， 本來就是孩子感興趣的對象之一，孩子好奇，想了解小毛毛蟲是他們的天性， 作者掌握了這一點，就成功了一半。

第二、書中描寫小毛毛蟲出生以後，饑餓成性， 從星期一到星期六，吃了不少東西， 每一樣東西都是孩子愛吃的，孩子看時，也食慾大動，尤其到了星期天， 小毛毛蟲更吃了一連串美味，孩子讀了， 大流口水，配上彩色鮮艷的圖， 自然地吸引一雙雙小眼睛，一動也不動哩。

最後毛毛蟲經過休眠期，變成了十彩大蝴蝶， 孩子像也隨著牠經歷了一段豐富的人生旅程，當然興高彩烈， 大呼過

癮啦!

「生日快樂、月亮」(*Happy Birthday, Moon*) by Frank Asch

　　作者把握了孩子海闊天空、好管閒事、性善良、富想像及無事忙等特質，以小熊象徵孩子，突然要送「生日禮物」給月亮，問「月姑娘」要什麼？月兒無語，小熊才想到需到較近月亮處與月對語，爬山涉水，來到山間。此時，作者利用山的廻聲的道理，使小熊說什麼，月兒也說什麼，於是，兩人有同一天的生日及禮物願望。情節安排巧妙、合理，孩子樂於接受。最後禮物遺失，小熊跑去告訴月亮，又是小熊一句、月亮一句，兩人既原諒了對方，又互相愛著，符合了孩子去愛及被愛的心理需要。寫得言少意多，句短情長，頗耐品味、咀嚼。

月餅 (*Moon-cake*) by Frank *Asch*

　　與上一篇同一作者，實際上他寫了一系列這一類型故事，可說本本精彩，在此，我只略舉一、二而已。

　　例如「月餅」的情節也是十分巧妙，又合情理。利用熊有多眠的習性，從夏天與小鳥一起造太空火箭開始，到秋天小鳥南飛，小熊獨自繼續努力，直至冬季來臨，火箭終於完成，正待發射，小熊已累極而眠，夢中去了月球，吃到雪塊而以為嚐了「月餅」。冬盡春來，小鳥回來，小熊也正巧醒來，告訴小鳥「月餅味道不錯！」

　　你看，這樣可愛的熊，與孩子何異？作者將孩子好動、好幻想，對許多事物，了解不夠，或以一充十，一知半解的

情形，借一隻小熊，刻畫出來，自然、生動。簡直有如一首小詩，不留絲毫斧痕呢。

「天火」(*SkyFire*) by Frank Asch

作者再次利用孩子對事情了解不透澈，卻喜歡以自己的觀點來解釋事件的特質，創造了小熊看見彩虹，以為是天上着了火，努力去撲火的小熊，正是孩子的化身。又以彩虹易於消失的道理，讓小熊自認撲滅了火，而揚揚得意。全書也就洋溢一片純稚的喜悅之氣了，十分盪人迴腸哩。

總之，故事情節的發展，要符合「意料之外，情理之中」的藝術定律，孩子才會欣然接受的。Frank Asch 所有的作品，都達到了上述的藝術規律。而且，又在每個故事裏透露一種自然界特定現象，怡情悅性外，還吸收了知識呢。可說是「別有用心」哩。

「晚安、月亮!」(*Good Night, Moon*) by Margaret Wise Brown

孩子對萬物一視同仁，齊一平等的觀念，實際上也就是「自我中心」思想的反映，大人眼中的無生物，卻是孩子心目中的「朋友」，認為它們一樣有感情、有思想，需要吃、需要睡……。

這本小書即是利用孩子的此項特徵，在孩子臨睡前唸給他們聽。作者將一間房子中的各種物品，一一提出，然後一一向它們道「晚安」，孩子靜臥傾聽，待向各物一一道畢「晚安」，孩子也該心安理得，怡然入夢了。

一本如此簡單的書，竟深切耐讀，令孩子百聽不厭，作者洞悉童情，以兒童的觀點入手下筆的苦心，還有什麼可以置疑的呢？

「晚安、貓頭鷹！」(*Good Night, Owl!*) by Pat Hutchins

「貓頭鷹」的習性是日睡夜起，與一般動物相反。

故事利用這道理，形容白天貓頭鷹想睡時，蜜蜂「嗡嗡」地叫，烏鴉「呱呱」地嚷，啄木鳥「剝剝」地吵，杜鵑「嗚嗚」地唱……，森林裏熱鬧非凡，貓頭鷹那有睡的自由？ 等到夜幕低垂，萬籟俱寂，其他動物都睡了，貓頭鷹自己又開始「咕咕」地不安於室起來。 總之，這看似寧靜的樹林，「生命」是多麼旺盛，熾熱地在其中進行著啊！

孩子聽時，被各種聲響打動，而樂於傾耳靜聽，卻在不知不覺中，譜下了自己和諧的生命樂章，也許將來長大成人，因此做一個自然生態平衡論的支持者，為保護環境而不遺餘力哩。

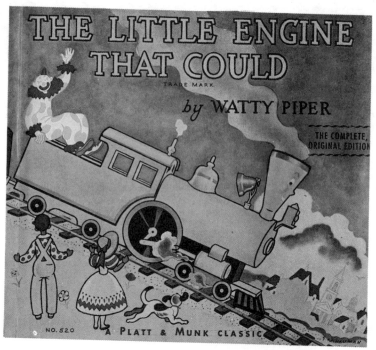

"晚安月亮"及"小引擎幫大忙"、"毛毛蟲"插圖

（六）

　　一個三歲的孩子，因有了足夠的語言能力和基本的獨立技能，例如自己會穿衣服、吃飯、上廁所等，也就展開了他人生向外發展的第一課，他正式上了幼稚園了，更正式與別的同齡孩子交朋友了，這與在家中和自己的兄弟姊妹相處，是多麼不同、多麼有趣跟富刺激啊！

　　在此，我特別要提醒為人父母的是：一定要成全自己孩子的獨立願望，幫助她走向獨立生活的境地，只要她能的，就不必代勞，例如穿衣、吃飯……，寧可因此耽誤點時間，或者弄髒了飯桌，也比越俎代庖，妨礙了孩子的正常發展好，因為慢慢地，她會由慢到快、由亂到潔，一點一點自行修正、改良啊！

　　如穿大衣、外套，可將衣平舖地上，孩子立於衣領方位，雙手入袖，將衣拋腦後而穿妥，孩子無不喜歡用此方式自行穿衣的。但拉拉鏈或扣鈕扣等較難工作，父母可先代做，慢慢再教，須假以時日，四、五歲後才能得心應手的。

　　（附孩子如何自穿外套像片一組）

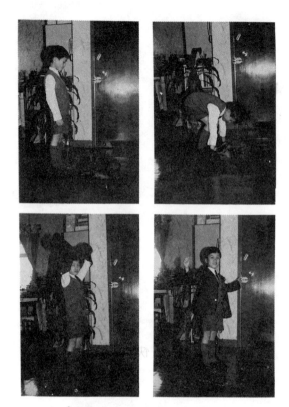

（示範者為黃景鵬小弟弟）

穿鞋子也一樣，三歲的孩子「左」「右」尚不會分，如令他們自己穿鞋子，常會左右弄錯，父母就必須先為她放好，告訴她那隻鞋屬那隻腳。等四、五歲後已分得出左、右，就不須為她操這份心了，但偶爾弄錯時，仍需耐心教導哩。

繫鞋帶是件麻煩事，五歲的孩子應可自行處理了，在此以前，多半須大人代勞。

總之，他們能做的，鼓勵他們自己做，養成他們不依賴

的習慣，且常生成就感。還未發育到的技巧，也不勉強，以免欲速不達，挫折太多，心生畏懼。

孩子喜歡交友，享受友誼，有時，兩個小人兒會因此發展出可羨的情誼。不過，又因為他們自身情緒變化極快、極大，前一分鐘「最好的朋友」，後一分鐘會「不再是朋友」了；前一分鐘為玩具爭得面紅耳赤，後一分鐘又勾肩搭背，親密異常，都是常事，不足為奇。大人千萬不可太過介入，甚至害怕自己的孩子吃虧，代打不平之類。

孩子享受生活，每一分鐘都為自己熱烈地活着，父母、老師、朋友、玩具、寵物、故事書、遊戲……等，分別在她生活中扮着不可或缺的角色。缺少任何一樣，都可能造成難以彌補的遺憾。

提起遊戲，有「扮家家酒」、「積木」和「團體遊戲」等，都各具特色，值得鼓勵孩子多多參與。

「扮家家酒」其實就是讓孩子的想像力得到發揮而設，在幼兒教育中佔着十分重要的地位。所以它又稱「戲劇遊戲」（Dramatic Play）。幾件大人不穿了的舊衣服，幾雙高跟破皮鞋，就可以讓孩子模仿他們想變成的人物，換上衣鞋，在想像的天地裏，盡情嬉戲。

所以，一襲舊衣，透過幻想的色彩，會立刻變成了綾羅綢緞，或薄羽輕紗；而一雙破皮鞋，在孩子神奇眼光的注視下，也可比美「灰姑娘」腳上的水晶仙履呢。他們在簡陋的陳設中，能玩得又精采、又浪漫。

　　故此，佈置一角「娃娃角」(House Keeping)，是所有「幼教工作者」必須懂的技巧。我們講究的不是東西的精美、高貴，我們只要廢物利用，一些紗料的衣裙（紗的輕盈容易喚起美感、想像）、帽子、鞋子、手套、厨具……，多種多樣，便可以了。最重要的，是不受干擾，而且男、女絕對平等。千萬不可說：「男孩子玩什麼洋娃娃？快出去！」一類的話。

　　這種超越世俗價值觀念，只要自己認為好的，就是好的的特質，應該是兒童最彌足珍貴的特質之一，也是大人在遠離了童真以後，最無法保存及享有的，我們說「寶貴童年」，便是指兒童享有此種特質而言的。

　　而團體遊戲，更花式繁多，變化無窮了。在團體遊戲中，多半需要大人參加，才可玩得盡興（大人在其中可維繫秩序，保持繼續！）。又多半是一面唱着歌一面玩的，所以在嬉戲中，孩子就學會了許多兒歌，這些兒歌，具備了娛樂及美的雙重特質，對孩子的影響，也是深遠的、永恒的！

　　例如他們常玩的「倫敦鐵橋」、「鴨子、鴨子、鵝」、「荷花、荷花、幾月開？」、「音樂椅」等等，都超越國界，多少代來為兒童所喜。許多大人都記得自己小時候也玩過唱過，至今，仍印象深切，一字不忘哩。

　　有一首歌叫「The Farmer in The Dell」，歌辭如下：

The Farmer in the dell.
The Farmer in the dell.
Hi-ho the Derry-o.
The Farmer in the dell.

The Farmer takes a wife.
The Farmer takes a wife.
Hi-ho the Derry-o.
The Farmer takes a wife.

The wife takes a child.
The wife takes a child.
Hi-ho the Derry-o
The wife takes a child.

The child takes a nurse.
The child takes a nurse.
Hi-ho the Derry-o
The child takes a nurse.

The nurse takes a dog.
The nurse takes a dog.
Hi-ho the Derry-o
The nurse takes a dog.

The dog takes a cat
The dog takes a cat
Hi-ho the Derry-o
The dog takes a cat.

The cat takes a rat.
The cat takes a rat.
Hi-ho the Derry-o
The cat takes a rat.

The rat takes the cheese.
The rat takes the cheese.
Hi-ho the Derry-o
The rat takes the cheese.

The cheese stands alone.
The cheese stands alone.
Hi-ho the Derry-o
The cheese stands alone.

　　先由一人站在中央（扮演農夫），其他孩子則圍成一個圈圈，大家手拉手齊聲唱完第一段，第二段開始， 站在中央的孩子可由圈圈中選出一個孩子，代表「農婦」， 二人站在圓圈中間，大家繼續唱第三段，農婦又可選一個孩子， 代表「小孩」，這樣，圈中就有三人了，再繼續唱第四段， 孩子又可選一「看護」，「看護」又選「狗」，「狗」 又選「貓」，「貓」又選「老鼠」，「老鼠」選「起士」，「起士」 是吃的東西，選到他時，大家一窩而上，吃掉「起士」， 遊戲也就結束。

　　通常，孩子在遊戲中，都急切希望自己被選上，站在中央，選中後，又很高興自己可以選別人，等裏面的人愈來愈多，外圍的人逐漸減少時，遊戲也就漸近尾聲了，選中的固然開心，沒選到的，也不可生氣、哭鬧。「人生不會盡如你意」，遊戲可以再玩，「風度」卻不能沒有啊!

　　這是多麼重要的課題! 有時是他以後一生的人生指標呢，如果在成年前早早便學到了，在他以後的生命裏，可免去多少無謂煩惱、痛苦!

　　至於讀物，三歲以後，說話的能力有時縱然仍嫌不足，聽話或了解語言的本事卻已十分夠了，這一點認識，對爲兒童選擇讀物，甚至爲兒童創作作品，都極爲重要。千萬不要小看了小讀者們，以爲他們幼稚得只配簡單的東西，孩子的內涵，往往遠遠超過我們的想像的。

　　記得有一次有個孩子拿給我一本「灰姑娘」，是華德迪斯奈的版本，要我唸給大家聽，我接來一看，不但文字多，而且用字頗艱深，好在故事是大家熟悉的，我就唸了，唸了兩、三頁，連我自己都嫌太多生字，怕他們不懂，停下來看他們反應，他們卻一個勁催我「唸呀、唸嘛!」我只得繼續唸，待我唸完，大家鼓掌叫好，一副滿足過癮的模樣，由此可見他們接受少許較難文字，並無任何困難。

　　這使我想起許多大文學家幼年父母爲他們朗誦詩篇的故事，例如美國大詩人「羅勃佛洛斯特」(Robert　Frost) 的母親，喜歡在晚飯後爲家人朗誦莎士比亞的詩，被認爲是啓發了小羅勃內心對詩的熱愛，造就了他一生爲詩嘔心瀝血的奉獻。

　　莎士比亞的詩不一定會被幼年的孩子完全了解，但許多東西，似乎一字一句的了解並不是那麼重要，懂得如何掌握精神、神韻，才更在行、上策哩。孩子耳朵如受過訓練，便更能在這方面表現出色哩。中國古典詩詞中，就有太多可貴的作品，可以用來作爲父母子女茶餘飯後大家共處一堂的主角，大人朗誦給孩子聽，或孩子稍大，一人一句的方式也

可，將是多麼具有文化氣息的活動啊!

　　所以，寫書也好，選書也好，不要斤斤計較文字太深、太淺的問題，作品總體的表現，才是我們注重的中心。成人讀物如此，兒童讀物又豈能例外?

　　「詩」是這年齡孩子的好禮物，詩中的誇大、幽默、風趣，孩子最能心領神會，心嚮往之的，而詩語言的優美、精良、流暢和和諧，更能使孩子心身舒暢、情意投合呢。

　　例如下面兩首小詩，內容上並沒有什麼了不起，尤其第一首 David McCord 的作品，主要是聲音的諧和、有趣，唸起來朗朗作響，就可以引起小讀者的興趣，他們對音樂般文字的喜好，是源於在母胎中聽母親有規律的心臟跳動，可說是「與生俱來」哩。作者為美國當今專業童詩詩人，詩集多種，風靡美國各地，是中、小學生心目中的偶像之一哩。

　　第二首有關恐龍的詩，最為男孩子所歡迎，不知為什麼，兩歲以後到十二、三歲的男孩，最喜歡的題材之一就是有關恐龍的，只要內容一涉及龍呀、恐龍的，他們原本明亮的眼睛就更明亮了呢。

The Pickety Fence

By David McCord

The pickety fence
The pickety fence
Give it a lick it's
The pickety fence
Give it a lick it's
A clickety fence
Give it a lick it's
A lickety fence
Give it a lick
Give it a lick
Give it a lick
With a rickety stick
Pickety
Pickety
Pickety
Pick

Illustrated by C.S. Ewing

Two Little Dragons

By Ivy O. Eastwick

Two little dragons
lived in a wood,
One was bad,
and one was good.
One went walking
straight to school.
One went fishing
in Cranberry Pool.
One learned add-up
and take-away.
One spent all of
his time in play.
One helped mother
when school was done.
One chased little boys
just for fun!
If you were a dragon
and lived in a wood,
Would you be bad—
or would you be good?

（七）

四歲，黃金的童年年華。

他們對人生是更充滿了興奮、好奇，也對自身以外的世界，有了更進一步的認識、了解。他們既幻想、又實際，既無法無天，又通情達理，端看大人如何指導他們、誘發他們了。

在這年齡，孩子的想像力也是更見發達、臻於極點的。他對周遭的形形色色，都賦予神異、奇特的色彩，讓平淡的生活，增添無限的光輝，所以童話、民間故事、傳說一類，能深入其心，感動他們至切，就是這股天真之趣，與故事中的那份奇趣，不謀而合的緣故啊！

童話故事受兒童歡迎的情形，是眾所周知的，不用我在此浪費筆墨了。我只想再舉出一些其他日常生活所見，來證明孩子在她幻想的世界中，是多麼快樂、自得。

例如西方人重視的耶誕節，對耶誕老公公的傳說，是每當佳節來臨，就百說不厭的。孩子們更是浸淫在其想像的樂趣中，感到無邊的幸福、安全。

「耶誕鈴聲」、「耶誕老公公進城」兩首耶誕歌曲，是伴隨佳節來到，大街小巷最常聽到的，再加上「紅鼻頭小鹿」、「雪人」幾首婦孺皆知、歷久不衰的名歌，都是配合節慶而寫，每當感恩節一過，時序進入十二月，這些老歌便紛紛出

籠，令歌聲飄揚處，一片安詳。雖明知內容是編出來的，決不真實，卻仍深為感動，奮發的人生，也倍受鼓勵。

看，有缺憾的紅鼻頭小鹿，因禍得福、名垂千古；下雪雖造成交通不便，但加一點想像，雪人立刻會走會玩，多麼有趣；而「耶誕老公公」按孩子們平日的行為表現，分派禮物，好有好報，獎賞分明，這樣的人生，多公平、多可愛呀！

這裡，讓我們來看看「紅鼻子小鹿」這個傳說，看看他的魅力何在吧！原來「魯道夫」是小鹿的名字，可憐牠天生一個紅得發亮的鼻子，而遭到無數的排斥與挫折，其他小鹿甚至不要牠一起玩耍。直到一個多霧的耶誕前夕，耶誕老公公需駕鹿車到人間去分送禮物，「魯道夫」的紅鼻頭正可派上用場，在霧中照亮道路，令耶誕老公公不致迷途，「魯道夫」才「福兮禍所倚」，不但解決了耶誕老公公的難題，也因此名傳千秋，永垂不朽了。

這個故事雖不離老套，內容、情節都十分傳統，但因合邏輯而贏得兒童的信任，鼻子發亮當然不能玩躲迷藏啦，耶誕前後，乃隆冬季節，很容易大霧迷漫的呀，再加上佳節名曲的威力，深得人心，自不在話下。尤其小鹿平日表現的忍耐、謙虛，正如灰姑娘、白雪公主一樣，是好榜樣的象徵，深入童心的呀！

如果說「魯道夫紅鼻頭小鹿」是靠牠自身的忍耐、謙虛，終能扭轉劣勢，得到賞識，「雪人——發斯特」就是靠了

神奇、想像的力量，讓孩童的生活，平添異彩的啦！

看呀，一個普普通通、口含雪茄的雪人，黑色絲帽一戴，立刻會笑會玩起來，逗得孩子大樂，大夥兒陪著雪人，到處遊歷。

變成應景的耶誕歌曲之一，曲調容易上口，歌詞充滿奇異色調，自然是所到風靡，百聽不厭了。

（附上這幾首歌的歌辭，只要聽著曲子，很容易學會的哩。）

SANTA CLAUSE IS COMING TO TOWN （耶誕老公公進城）

You better watch out, you better not cry, Better not
   pout, I'm telling you why,
Santa Claus is comin' to town.
He's making a list and checking it twice,
Gonna find out who's naughty and nice,
Santa Claus is comin' to town.
He sees you when you're sleeping'
He knows when you're awake.
He knows if you've been bad or good,
So be good for goodness sake.
Oh! You better watch out, you better not cry,
Better not pout, I'm telling you why:
Santa Claus is comin' to town.

Jingle Bells

Note: ↑ = Blow   ↓ = Draw

Words and Music by JAMES PIERPONT
Arranged by Dan Fox

RUDOLPH THE RED-NOSED REINDEER (紅鼻頭小鹿)

Rudolph, the red-nosed reindeer had a very shiny nose.

And if you ever saw it, you would even say it glows.

All of the other reindeer used to laugh and call him names.

They never let poor Rudolph join in any reindeer games.

Then one foggy Christmas Eve, Santa came to say:

"Rudolph, with your nose so bright, won't you guide my sleigh tonight?"

Then how the reindeer loved him as they shouted out with glee:

"Rudolph, the red-nosed reindeer, you'll go down in history."

FROSTY THE SNOWMAN (雪人)

Frosty the snowman was a jolly happy soul,

With a corn cob pipe and a button nose and two eyes made out of coal.

Frosty the snowman is a fairy tale, they say,

He was made of snow but the children know how he came to life one day.

There must have been some magic in that old silk
hat they found.

For when they placed it on his head he began to
dance around.

Oh, Frosty the snowman was alive as he could be.

And the children say he could laugh and play just
the same as you and me.

Thumpety thump thump, thumpety thump thump,
Look at Frosty go.

Thumpety thump thump, thumpety thump thump,
Over the hills of snow.

另外「鵝媽媽」、「童詩」等，仍是他們成長中的良伴。

不在乎他們對每一個字字義的了解，在乎的是他們對文字音韻之美的體會，那些近乎天籟的、極富音樂之美的詩章，不但喚起了他們對生命、對宇宙的愛，也注入了他們對民族、對歷史的深情，這是愛的教育，也是美的教育，更是文化的教育啊！

如：

"I never saw a moor.

I never saw the sea;

Yet know I how the heather looks.

And what a wave must be!"

"A bird came down the walk;

He did not know I saw:

He bit an angleworm in halves

And ate the fellow, raw."

——Emily Dickinson

　　這樣的詩，其實是充滿哲理的，這位十九世紀美國麻省的小婦人「愛美莉」，當年寫這些詩時，完全是自己與心靈的交談，羞澀的她，從未想過要出版呢。直至去世，才被她的家人發現這位平日沉默寡言，怕見生人（她家當年曾是許多名文學家、藝術家們經常往訪的地方。筆者曾去到麻省 Amherst 小鎮，參觀過她的故居，客廳的牆壁上，就掛了當年英國文豪 Charles Dickson 造訪時與她父母合攝的照片。）的小姑娘，竟寫了一千七百七十五首詩，藏在抽屜裡，於是為她拿去出版，詩集名「*Letter to the World*」。成人、孩子，都可以是她的讀者哩。孩子不一定需要了解詩中那深一層的哲理。但，詩中流露的和諧、安詳，孩子聽時，會深深受到感染的。

　　而這些，正是孩子所需要的。

（八）

　　孩子由四歲進入五歲，心智上的趨於成熟，更有很明顯的長進，他們已逐漸由「自我」的小圈圈走出，步入「大我」的社會之中。喜歡交朋友、愛熱鬧，也極好讀書、求知識，這世界對他們來說，是太具吸引力了。

　　這年齡，對什麼書都有興趣，特別是幽默的小故事，或以動物的角色來表現人生百態的，和一些有關事實眞相，來增進他們對這世界認識的，只要寫得好，他們一律接受！

　　「爲什麼？」以及「怎麼樣？」，是他們面對形形色色最直接的反應，我們必須認眞滿足他們這方面的需求才是啊！

　　對幻想故事，態度仍是極其誠懇、眞摯，男孩子會對恐龍、外太空一類故事、格外感到興趣。喜歡設身處地，進入故事之中，特別是在玩「扮家家酒」時，將故事中的角色分配，好的角色分給自己和自己當時認爲的好朋友，不好的角色則反之，很容易因此引起紛爭。可見，好善惡惡，在孩子心中有一定的認識，而且趨善避惡，態度昭然若揭哩。

　　較長篇的幻想故事，如 A. A. Milne 的「*Winnie the Pooh*」、Kenneth Grahame的「*The Wind in the Willow*」、L. Frmck Baum 的「*Oz of Witize*」，E. B. White「*Chareltles Web*」等等，雖不能整本接受，但其中的片段，已在不知不覺中進入了這年齡孩子的生活之中，他們對這些

故事，如癡如狂呢。

這類故事進入孩子生活中的方式有許多種，當然，最主要的是父母經常選擇其中一、兩段唸給子女聽的方法。其次，便是由以教育為宗旨的小型製片公司，將它們拍成電影，在幼稚園及小學中放映給孩子看，讓他們先對這類書籍有個印象，奠下以後自己去讀的基礎。

像前面提到的那些書，在美國都製成了影片，不但學校偶爾放，（也不能太頻繁，以免養成孩子只愛看聲光刺激的東西，不愛看書了。）電視臺也常在星期假日放映，讓孩子可以盡情欣賞。

這些影片，製作態度十分嚴謹，不但忠於原著，還力求畫面純美，與華德廸斯奈式的不同。（華德廸斯奈的影片是一種俗娛樂，在製作的基點上，與要求純淨、絕美的小型教育製片公司，涇渭分明，絕不相同。）

美國明尼蘇達州立大學本身就有一個兒童文學作品拍攝成影片的圖書館，裏面影片的收集，應有盡有，又附設了許多小型放映室，提供給研究生用，對研究兒童文學者，便利不少。再加上學校還有一個專門收集兒童文學作品的收藏室，收藏也是豐富至極，記得當年我在那讀書，就像突然掉進了百寶箱一樣，眼花撩亂之餘，心靈的豐收，直至今日，仍印象深切，難以言宣。

例如英籍畫家「白翠克絲波特」(Beatrix Potter)所寫兼畫的那以「兔寶寶彼得的傳奇」(*The Tale of Peter Rabbit*)

爲首的二十四本小書，（臺灣純文學出版公司曾翻譯，並加以出版。）就被製成美侖美奐的電影，孩子一看那美麗的畫面，便被深深吸引，何況還有那娓婉動人的故事作輔佐。

（附兩篇對波特女士及米倫先生的介紹原文於後。）

Beatrix Potter

By Eileen Sessions

Summers were the happiest times of Beatrix's childhood. She missed her brother Bertram while he was away at school and eagerly awaited summer vacation when he would be home again. Every summer the family rented a house in the country, and Beatrix and Bertram ran and played in the open fields. The two children loved the beauty of the countryside—the wild flowers and woods, the ponds and streams, the farms and cottages. It was all so different from the big city of London.

On these vacations in the country, Beatrix and Bertram collected all the plants, animals, and insects they could find. They brought home bird eggs, caterpillars, frogs, minnows, toadstools, snake skins, butterflies, beetles, flowers, and leaves. After drawing everything they had found,

they sewed the sheets of paper together and made them into books.

When summer vacation was over, Bertram would go back to school. And Beatrix would once

again be all alone on the third floor. Well, not quite all alone. Beatrix kept a pair of mice in a box in her room. She named them Hunca Munca and Appley Dapply. When no grown-ups were around, she took them out of their box and let them run around the nursery. She also had a family of snails which she kept in a flowerpot. By the time Beatrix adopted a bunny named Benjamin and a hedgehog named Tiggy, she was no longer so lonely.

Beatrix Potter had been born in London, England, in 1866. In those days most girls didn't go to school, so her parents hired a governess to come into their home and teach her. Beatrix loved to draw and paint, and her governess helped her with her artwork as well as with her reading and writing.

Day after day life was almost always the same for Beatrix. Although her parents were rich and lived in a big house with servants, she spent nearly all her time alone in the nursery. She even ate her meals there. She had no brothers or sisters until she was five years old, when her brother Bertram was born. But as soon as Bertram was old enough, he was sent away to boarding school, and Beatrix was alone again. Because she had no friends to play with, she became a shy and quiet girl.

As the years passed and Beatrix grew into a young woman, she spent more and more of her time drawing and painting. Occasionally her father would let her go with him to the Royal Academy, where she saw paintings by famous artists. She also went to museums. One of her favorites was the Natural History Museum at South Kensington, where she spent many of her mornings drawing plants, animals, fossils, and skeletons. She especially liked drawing the tiny details of plants. Sometimes she would spend hours looking at mosses and other plants through Bertram's microscope so she could see just exactly how to draw their tiniest parts.

When Beatrix was older, she still spent many hours alone. She kept busy drawing, painting, reading, and writing in her journal. Her journal was special to her. She wrote in it about the things she had done that day, the stories her grandmother had told her, and her feelings about growing up. And she wrote it all in her own secret code, so no one else could read it.

When Beatrix was seventeen, her parents hired a young governess to teach her German. Later the governess married and had children of her own. Beatrix loved her former governess and visited her and the children whenever she could.

One day Noel, the governess's five-year-old son, became ill. He had to stay in bed for many months. Beatrix wasn't able to visit him often, but she knew what it was like for a child to be lonely, so she began to write him letters. In her letters she told him all about what she and her pet animals had been doing.

Once, when she didn't have much news to write to Noel, she decided to make up a story and send it to him. The story she made up was about a rabbit named Peter. Because she loved to draw, she drew pictures to go with the story.

Noel loved the story, and so did his brothers and sisters. His mother saved the story, and eight years later it was made into the book *The Tale of Peter Rabbit*. Now children everywhere could read the story of Flopsy, Mopsy, Cottontail, and Peter.

Over the years Beatrix wrote other stories for the children of her friends and relatives, and these also became books. Some of them are *Appley Dapply's Nursery Rhymes*, *The Tale of Two Bad Mice*, *The Tale of Benjamin Bunny*, and *The Tale of Mrs. Tiggy-Winkle*. Beatrix wrote more than twenty-five books.

Beatrix Potter is loved by children all over the world because she once wrote stories to cheer up boys and girls when they, too, were lonely.

Pictures by Beatrix Potter

Christopher Robin
Who are You?

By Doretta Watson

"Here is Edward Bear, coming downstairs now, bump, bump, bump, on the back of his head, behind Christopher Robin. It is, as far as he knows, the only way of coming downstairs, but sometimes he feels that there really is another way, if only he could stop bumping for a moment and think of it. And then he feels that perhaps there isn't. Anyhow, here he is at the bottom, and ready to be introduced to you. Winnie-the-Pooh."

So begins the story of Christopher Robin and his bear, Winnie-the-Pooh. (At first the bear was called Edward but somehow the name became Winnie-the-Pooh.) As the story unfolds, you hear the adventures of Piglet, Eeyore, Tigger, and other friends of Christopher Robin. Have you ever wondered who Christopher Robin really was? Would you be surprised to know that the stories were written about a boy who actually lived and played?

Christopher Robin was the son of Alan Alexander Milne (pronounced Miln). Born in England on August 21, 1920, Christopher had no brothers or sisters. The Milne family lived at Cotchfield Farm, but they were not farmers. Christopher's father was a well-known writer of short stories and plays. His mother took care of the large stone house and the many flower gardens at Cotchfield.

When Christopher was three years old, his father wrote a poem about Christopher and gave it to his mother. She sent the poem to a magazine, and the poem was printed. This was the beginning of the collection of poems called When We Were Very Young. Milne then began writing stories about Christopher and his many stuffed animals. He always read them to Christopher and his

Tigger Eeyore Piglet Rabbit

Christopher Milne and his bear sit in the lap of Christopher's famous father.

mother to see if they were pleased with the stories. When Christopher was five, the stories in Winnie-the-Pooh were written. At six, Christopher was the subject of the book of poems Now We Are Six. The last of Milne's stories were in The House at Pooh Corner, written when Christopher was eight and went off to day school. All of the stories showed a great understanding of the feelings and imaginations of young people.

Most of the animals that appear in the stories of Winnie-the-Pooh are based on actual toys. Christopher received Pooh as a gift when he was one year old. The bear was always Christopher's favorite toy and went with him everywhere. Eeyore the donkey was also an early toy of Christopher's. The animal's floppy neck gave it the appearance of being gloomy all the time. A neighbor gave Piglet to Christopher. Kanga and Tigger were given to him later by his parents. Owl and Rabbit were not toys but were created by Milne in the stories. Christopher talked to his toy animals and answered for them, too. Then they became alive in his father's stories.

Christopher hides in a hollow tree. The woods he played in became the setting for his father's stories.

The places described in the stories of Christopher Robin were found at Cotchfield Farm. At the top of the forest, high on a hill, was a clump of pines which, in the stories, became Pooh's Galleon Lap. The Hundred Acre Wood was really five hundred acres of woods. Poohsticks Bridge was a place where Christopher threw sticks into the water and watched them pass under the bridge. An old beech tree with a branch hanging to the ground inspired Milne to create Owl's house with door and knocker. Christopher had a "house" of his own in a hollow walnut tree with just enough room for a boy and his bear. In these surroundings Milne placed his son and his animal friends in their world of make-believe.

Ernest H. Shepard made the drawings for the stories. He came to the farm and read the stories Milne had written. He watched Christopher at play and drew what he saw. Photographs of Christopher during his early years look almost identical to the drawings Shepard made.

Today Christopher lives near Dartmouth, England, with his wife, Lesley, and their daughter, Clare. Although Clare is severely disabled, her enthusiasm for life has been an inspiration to Christopher. Until recently they owned a bookstore, where Christopher spent his days writing in the attic. He has written two books about what it was like growing up as Christopher Robin.

Although the real Christopher Robin has grown, the storybook Christopher Robin and his bear, Pooh, will always be around for boys and girls to read about. The last lines of *The House at Pooh Corner* promise us that "wherever they go, and whatever happens to them on the way, in that enchanted place on the top of the Forest, a little boy and his Bear will always be playing."

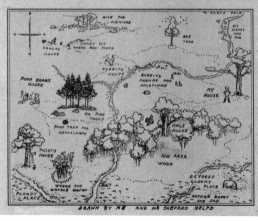

DRAWN BY ME AND MR SHEPARD HELPD

詩仍是他們鍾意的對象，而且隨著年齡的增長，已可欣賞較長和較有深意的詩。例如有一首美國童詩是這樣的：

Lazy, Lazy, Lazy, Lazy, Lazy Lazy Jane,

She wants a drink of water,

So, she waits and waits and waits and waits and

waits for it to rain.

很誇張，但也確是一些孩子偶有的心聲，不是嗎？

Just Me, Just Me

Sweet Marie she loves just me.

She also loves Maurice McGheel.

No, she don't. She loves just me.

(She also loves Lauise Dupree)

No, she don't. She loves just me.

(She also loves the willow tree)

No, she don't. She loves just me!

(Poor poor fool, why can't you see,

She can love others and still love thee.)

注：(詩中 "she don't" 是不合英文文法的，可能是假設為孩子口吻之故吧！)

這首可愛的童詩主題，其實也與前面提到的 *Peter's Chair* 和 *On Mother's Lop* 相同，「獨佔」原是人類情結之一，孩子也一樣！

另一首:

> Barbra's eyes are as blue as ozure,
>> but she's in love with Freddy.
> Karen's sweet but Harry has her;
> Gentle Jane is going steady,
> Carol hates me so does Mary.
> Abigail will not be mine.
> Nancy lives to far away.……
> Won't you be my valentine

這首詩應爲較大孩子所了解與喜愛。尤其上了小學二、三年級,女孩子特別敏感,對交友又格外看成是天下第一大事,容易產生此種失落感。極爲意亂情迷,是嗎?

再一首便是羅勃・佛洛斯特 (Robert Frost) 的「雪夜林畔小竚」(Stopping by Woods on a Snowy Evening) 了。(附文圖)

羅勃・佛洛斯特是美國近代大詩人,在美國文壇,有極其崇高的地位,他的這首詩,又幾乎可說是他的代表作,因爲詩中的表現技巧,出神入化,而文字駕馭,又自然、眞切,閃耀一種返樸歸眞的光輝,正爲了這份純樸,孩子也可進入這詩中,分享那份神秘美與使命感了。

這是首百讀不厭的詩,也是首沒有國界、讀者年齡之分的詩。

Stopping by Woods on a Snowy Evening

By Robert Frost

Whose woods these are I think I know.
His house is in the village though;
He will not see me stopping here
To watch his woods fill up with snow.

My little horse must think it queer
To stop without a farmhouse near
Between the woods and frozen lake
The darkest evening of the year.

He gives his harness bells a shake
To ask if there is some mistake.
The only other sound's the sweep
Of easy wind and downy flake.

The woods are lovely, dark and deep.
But I have promises to keep,
And miles to go before I sleep,
And miles to go before I sleep.

中國臺灣的兒童詩人林煥彰先生，作品豐富，他一些富於哲理的小詩，極爲優秀、傑出。例如：

　　　終　　於

　　雨停了，屋簷上

　　最後一滴雨水想了很久

　　終於，忍不住

　　掉了下來！

孩子也見過下雨的情景，也會對「雨」有許多聯想，這種富人性的聯想，會令她終其一生，對雨有感情，有幻想哩！

另一首「秋後」，也別饒情致，他寫著：

　　「葉子都掉光了，那棵樹才覺得

　　一年三百六十五天，

　　此刻最輕鬆！」

賦情予物，多麼簡潔而傳神啊。

中國名兒童文學家陳伯吹在他的「現代兒童文學創作的一個熱點」一文中曾說：

「兒童文學作品來自生活實處，發自思想感情，成於藝術加工，激於動人形象，獲於教育佳果。它具有熾熱的強烈的感染力量，誘導着熱愛生活，啓動對四周形形色色事物的好奇心與求知心，不只在他們心靈深處培育精神文明的鮮花，也還要讓他們摘得物質文明的碩果」。

所以兒童文學包括一切人類可以想出來的題材，又以各種不同的文學形式或手段去表現出來，目的就在豐富國家未

來的主人翁的精神，使他們的童年時代，　過得溫馨美好、將
來長大成人，創造更進步的世界。成人的用心，可說良苦了！

（九）

　　四歲以後的孩子，　也應該常常有與成人散步森林之中，觀察自然界事事物物的機會。　大自然是太神妙了，而且，你如不走進其中去多看多聽，一探究竟，　對宇宙萬物，始終是霧裏看花，隔靴搔癢的。而這習慣的養成，　要愈早愈好。四歲，應該是恰當的年齡了。

　　散步本身是一種休閒活動，　做起來要從容不迫，好整以暇，才會有趣，甚至有益。　所以周末假日是個好時間來從事此項活動。全家大小老少，　此刻放下生活中的一切俗務、煩亂，大家親密交談，到住家附近的樹林或公園中去揀揀落葉，採採野花。而此時，　也是大家共同來分享詩章的好時機，不同的季節，有不同的景觀，　而不同的遊伴，不同的心情，就有不同的感受。　不論是由大人唸給孩子聽或與孩子接力唸、混聲唸，只要選對了題材、作品，　就會有好的效果。總之，這種經驗是難能可貴的，也是終生受益的。

　　但散步之樂雖樂無窮，卻不宜過多或拘於形式，　造成心理負擔，總要輕鬆為之，寓教於樂才好。

　　散步之外，有目的地的遠足，　也是一大賞心樂事，是所有孩子都感到興趣的活動之一。通常，　因為距離較遠，多由學校分班級舉辦，　還記得自己小時候對遠足的那股盼望勁，就可以知道它的魅力無邊了。

　　一潭清水、一塊懸崖、一片草地、一叢野花，還有一羣嘻嘻哈哈的同學和親切和藹的老師，這生活多不同於校園，具有多麼大的調劑作用和興奮效果。有時，在遠離了學校生活後，其他一切都逐漸淡忘，惟獨那些活潑的遠足往事，依舊點滴在心頭哩。

　　當然，遠足不只是調劑了心身，增加了生活的樂趣，更重要的是，它開闊了孩子的胸襟懷抱，還增長了他們的知識見聞，實在是有百利而無一害，值得家長、老師們重視的。

　　在美國，幼稚園生最感興趣的遠足是一年一度「萬聖節」的「採南瓜」日，十月的最後一個禮拜六。當然，學校不會安排在星期六遠足，通常，學校在上學日靠近萬聖節時選定一天，大夥坐車去到農場，不但採南瓜，還參觀許多萬聖節特有的展覽，例如稻草紮的鬼怪精靈和童話故事人物等。有時，還有農場的各種牲畜展覽及食物製作程序實際操作等。很豐富，很有吸引力的。尤其小孩子每人採一個南瓜帶回家，等真正萬聖節那天刻上臉譜陳列院中，大家鄰居小孩裝神扮鬼成羣結隊，到街坊鄰家去要糖菓吃食，一時，街上人聲沸騰，熱鬧非凡，形成一年一度兒童生活的高潮。

旅行，又是另一項值得的投資。

現代的父母，生活在一個資訊十足發達的時代，影響所及，國與國、地方與地方的距離，就愈來愈小了，四處旅行的機會也相對大增。太小的孩子隨父母外出旅行，當然沒有必要，因爲那除了增加大人的麻煩外，對孩子也一無好處。但五、六歲以後，腦力增強、記憶系統發育完成，偶爾到較遠的地方去旅行，見識一些奇風異俗或國外風光，對孩子來說，那還有比這更「活」的知識可吸收呢？尤其是現代的孩子，有愈來愈聰明、愈多見聞的趨勢，爲人父母者，如有可能携子女遠地旅遊，又何樂不爲呢？

參觀博物館、美術館，以及各種文化藝術展覽，更又是另一項值得大人注意，刻意爲孩子安排參與的活動。

如今的孩子是愈來愈成熟、懂事的早了。五、六歲的孩子，早已「萬事曉」了，許多展覽，特別是一些專爲孩子設計的展覽活動，他們會很喜歡，並會從中得到極大的樂趣及啓示。挑選合適他們年齡、興趣的項目帶他們去，是父母們必修的課程，也是無可逃避的責任。

也許有的父母認爲自己並非這方面的專家，如何能爲年幼的子女選擇合宜的藝術或文化活動？認爲該是老師的職責，將子女全權交給學校就成了。其實，這觀念根本上就有問題，原因是這看似很嚴肅的主題，並非要這方面的專家才能勝任，爲人父母的，只需多注意這方面的活動報導，且常與孩子學校老師或負責人聯絡，甚至，多注意一下學校出版

的通訊刊物，都不難在其中得到訊息、指引呢。

觀劇也同理。問一位大人，他（或她）爲什麼喜歡去看話劇？歌劇？甚至一場舞蹈？電影？

他（或她）的答案可能是：藉此可以了解別人的生活、思想和感情。或藉此反映了自己的內心世界，可讓自己暫時擺脫現實事物的庸俗、繁瑣，而進入一幻想世界，使心靈得到紓解與超脫，昇華與美化。或者是當自己看過的一部書改編成戲劇，搬上舞台，當日的讀者變成了今天的觀衆，當日讀時受感動的情節及喜愛或厭惡的人物，今天，全很「眞實」的在舞台上出現，與自己只幾碼之遙，自己就突然間融入了故事，已沒有了任何鴻溝、生疏或假造之感，體會作品精髓，亦以此刻登峯造極，所以觀劇對一個人提升心境之用，十分有效。

成人如此，兒童也一樣。她也需要以觀劇來豐富自己，使自己將來長大成人，有血有肉、有骨有肌，不至營養不良，發育不全。

例如古典童話「白雪公主」或「灰姑娘」等搬上舞台，那種投入、眞實之感，對兒童而言，是最直接，並且難忘的。是絕對可以深化她從成人之口或書本，甚至電影上得來的印象的。

戲劇包括了成人的表演、孩子的表演及木偶劇等。都是孩子極感興趣，極爲有益於他們的。其中，孩子自己的表演尤其最能吸引孩子。原來，人是頂認同「族」的，同族人做

的事，最能引起同族人的共鳴。「孩子一族」也一樣，小孩子最喜歡的對象，仍是小孩子。兩個不相識的孩子見了面，眼睛直勾勾地互望着三分鐘後，就可以成好友了，即是此理。

詩歌朗誦又是另一種認識文學、體味文學的方法。

「詩歌朗誦」是一特殊表達文學作品的專門才能。據香港詩歌朗誦專家何家松表示，一個成功的朗誦者，他必須對文學有深湛的修養，對音樂、戲劇有相當的認識，才能用正確的語音、優美的聲調、豐富的感情、深入的想像，細膩的表情以及美化自然的動作，去感染聽衆，引起共鳴。

表演者既有如此深厚的修養、內涵，經他口誦出來的作品，當然別具一股吸引力及生動性的，孩子有幸常常接觸此種活動，焉有不欣然陶醉文學廣闊的天地，而吸收其精髓妙華的？

香港近十年來，詩歌朗誦的活動辦得有聲有色，參與的人也愈來愈多，影響之大，也愈來愈不可限量。對提昇當地兒童文化的水準，產生了絕對的正面效果，倒是臺灣或中國大陸，這方面的表現，反而缺如，如果可能，大家交流觀摩一番，應該是很好的吧?!因爲我參加過香港的詩歌朗誦，小朋友的表現，的確是十分傑出、精采。那次，他們的題目是「地球是我家」。

滄海叢刊已刊行書目 (八)

書　　　名	作　　者	類　　　別
文 學 欣 賞 的 靈 魂	劉 述 先	西 洋 文 學
西 洋 兒 童 文 學 史	葉 詠 琍	西 洋 文 學
現 代 藝 術 哲 學	孫 旗 譯	藝　　　術
音 樂 人 生	黃 友 棣	音　　　樂
音 樂 與 我	趙 琴	音　　　樂
音 樂 伴 我 遊	趙 琴	音　　　樂
爐 邊 閒 話	李 抱 忱	音　　　樂
琴 臺 碎 語	黃 友 棣	音　　　樂
音 樂 隨 筆	趙 琴	音　　　樂
樂 林 蓽 露	黃 友 棣	音　　　樂
樂 谷 鳴 泉	黃 友 棣	音　　　樂
樂 韻 飄 香	黃 友 棣	音　　　樂
樂 圃 長 春	黃 友 棣	音　　　樂
色 彩 基 礎	何 耀 宗	美　　　術
水 彩 技 巧 與 創 作	劉 其 偉	美　　　術
繪 畫 隨 筆	陳 景 容	美　　　術
素 描 的 技 法	陳 景 容	美　　　術
人 體 工 學 與 安 全	劉 其 偉	美　　　術
立 體 造 形 基 本 設 計	張 長 傑	美　　　術
工 藝 材 料	李 鈞 棫	美　　　術
石 膏 工 藝	李 鈞 棫	美　　　術
裝 飾 工 藝	張 長 傑	美　　　術
都 市 計 劃 概 論	王 紀 鯤	建　　　築
建 築 設 計 方 法	陳 政 雄	建　　　築
建 築 基 本 畫	陳 榮 美　黃 麗 黛	建　　　築
建 築 鋼 屋 架 結 構 設 計	王 萬 雄	建　　　築
中 國 的 建 築 藝 術	張 紹 載	建　　　築
室 內 環 境 設 計	李 琬 琬	建　　　築
現 代 工 藝 概 論	張 長 傑	雕　　　刻
藤 竹 工	張 長 傑	雕　　　刻
戲 劇 藝 術 之 發 展 及 其 原 理	趙 如 琳 譯	戲　　　劇
戲 劇 編 寫 法	方 寸	戲　　　劇
時 代 的 經 驗	汪 琪　彭 家 發	新　　　聞
大 衆 傳 播 的 挑 戰	石 永 貴	新　　　聞
書 法 與 心 理	高 尚 仁	心　　　理

書　　　　名	作　　者	類	別
印度文學歷代名著選(上)(下)	糜文開編譯	文	學
寒　山　子　研　究	陳　慧　劍	文	學
魯　迅　這　個　人	劉　心　皇	文	學
孟　學　的　現　代　意　義	王　支　洪	文	學
比　　較　　詩　　學	葉　維　廉	比　較　文　學	
結構主義與中國文學	周　英　雄	比　較　文　學	
主　題　學　研　究　論　文　集	陳鵬翔主編	比　較　文　學	
中　國　小　說　比　較　研　究	侯　　　健	比　較　文　學	
現　象　學　與　文　學　批　評	鄭　樹　森　編	比　較　文　學	
記　　號　　詩　　學	古　添　洪	比　較　文　學	
中　美　文　學　因　緣	鄭　樹　森　編	比　較　文　學	
文　　學　　因　　緣	鄭　樹　森	比　較　文　學	
比　較　文　學　理　論　與　實　踐	張　漢　良	中　國　文　學	
韓　非　子　析　論	謝　雲　飛	中　國　文　學	
陶　淵　明　評　論	李　辰　冬	中　國　文　學	
中　國　文　學　論　叢	錢　　　穆	中　國　文　學	
文　　學　　新　　論	李　辰　冬	中　國　文　學	
離　騷　九　歌　九　章　淺　釋	繆　天　華	中　國　文　學	
苕華詞與人間詞話述評	王　宗　樂	中　國　文　學	
杜　甫　作　品　繫　年	李　辰　冬	中　國　文　學	
元　曲　六　大　家	應　裕　康王　忠　林	中　國　文　學	
詩　經　研　讀　指　導	裴　普　賢	中　國　文　學	
迦　陵　談　詩　二　集	葉　嘉　瑩	中　國　文　學	
莊　子　及　其　文　學	黃　錦　鋐	中　國　文　學	
歐　陽　修　詩　本　義　研　究	裴　普　賢	中　國　文　學	
清　真　詞　研　究	王　支　洪	中　國　文　學	
宋　儒　風　範	董　金　裕	中　國　文　學	
紅　樓　夢　的　文　學　價　值	羅　　盤	中　國　文　學	
四　　說　　論　　叢	羅　　盤	中　國　文　學	
中　國　文　學　鑑　賞　舉　隅	黃　慶　萱許　家　鸞	中　國　文　學	
牛　李　黨　爭　與　唐　代　文　學	傅　錫　壬	中　國　文　學	
增　訂　江　皋　集	吳　俊　升	中　國　文　學	
浮　士　德　研　究	李辰冬譯	西　洋　文　學	
蘇　忍　尼　辛　選　集	劉安雲譯	西　洋　文　學	

書　　名	作　者	類	別
卡薩爾斯之琴	葉石濤	文	學
青囊夜燈	許振江	文	學
我永遠年輕	唐文標	文	學
分析文學	陳啟佑	文	學
思想起	陌上塵	文	學
心酸記	李喬	文	學
離訣	林蒼鬱	文	學
孤獨園	林蒼鬱	文	學
托塔少年	林文欽編	文	學
北美情逅	卜貴美	文	學
女兵自傳	謝冰瑩	文	學
抗戰日記	謝冰瑩	文	學
我在日本	謝冰瑩	文	學
給青年朋友的信 (上)(下)	謝冰瑩	文	學
冰瑩書東	謝冰瑩	文	學
孤寂中的廻響	洛夫	文	學
火天使	趙衞民	文	學
無塵的鏡子	張默	文	學
大漢心聲	張起鈞	文	學
囘首叫雲飛起	羊令野	文	學
康莊有待	向陽	文	學
情愛與文學	周伯乃	文	學
湍流偶拾	繆天華	文	學
文學之旅	蕭傳文	文	學
鼓瑟集	幼柏	文	學
種子落地	葉海煙	文	學
文學邊緣	周玉山	文	學
大陸文藝新探	周玉山	文	學
累廬聲氣集	姜超嶽	文	學
實用文纂	姜超嶽	文	學
林下生涯	姜超嶽	文	學
材與不材之間	王邦雄	文	學
人生小語 (一)(二)	何秀煌	文	學
兒童文學	葉詠琍	文	學

滄海叢刊已刊行書目 (五)

書名	作者	類	別
中西文學關係研究	王潤華	文	學
文開隨筆	糜文開	文	學
知識之劍	陳鼎環	文	學
野草詞	章瀚章	文	學
李韶歌詞集	李韶	文	學
石頭的研究	戴天	文	學
留不住的航渡	葉維廉	文	學
三十年詩	葉維廉	文	學
現代散文欣賞	鄭明娳	文	學
現代文學評論	亞菁	文	學
三十年代作家論	姜穆	文	學
當代臺灣作家論	何欣	文	學
藍天白雲集	梁容若	文	學
見賢集	鄭彥棻	文	學
思齊集	鄭彥棻	文	學
寫作是藝術	張秀亞	文	學
孟武自選文集	薩孟武	文	學
小說創作論	羅盤	文	學
細讀現代小說	張素貞	文	學
往日旋律	幼柏	文	學
城市筆記	巴斯	文	學
歐羅巴的蘆笛	葉維廉	文	學
一個中國的海	葉維廉	文	學
山外有山	李英豪	文	學
現實的探索	陳銘磻編	文	學
金排附	鍾延豪	文	學
放鷹	吳錦發	文	學
黃巢殺人八百萬	宋澤萊	文	學
燈下燈	蕭蕭	文	學
陽關千唱	陳煌	文	學
種籽	向陽	文	學
泥土的香味	彭瑞金	文	學
無緣廟	陳艷秋	文	學
鄉事	林清玄	文	學
余忠雄的春天	鍾鐵民	文	學
吳煦斌小說集	吳煦斌	文	學

滄海叢刊已刊行書目 (四)

書　　　名	作　　　者	類	別
歷　史　圈　外	朱　　桂	歷	史
中　國　人　的　故　事	夏　雨　人	歷	史
老　　臺　　灣	陳　冠　學	歷	史
古　史　地　理　論　叢	錢　　穆	歷	史
秦　　漢　　史	錢　　穆	歷	史
秦　漢　史　論　稿	刑　義　田	歷	史
我　這　半　生	毛　振　翔	歷	史
三　生　有　幸	吳　相　湘	傳	記
弘　一　大　師　傳	陳　慧　劍	傳	記
蘇　曼　殊　大　師　新　傳	劉　心　皇	傳	記
當　代　佛　門　人　物	陳　慧　劍	傳	記
孤　兒　心　影　錄	張　國　柱	傳	記
精　忠　岳　飛　傳	李　　安	傳	記
八十憶雙親 師友雜憶 合刊	錢　　穆	傳	記
困　勉　強　狷　八　十　年	陶　百　川	傳	記
中　國　歷　史　精　神	錢　　穆	史	學
國　史　新　論	錢　　穆	史	學
與西方史家論中國史學	杜　維　運	史	學
清　代　史　學　與　史　家	杜　維　運	史	學
中　國　文　字　學	潘　重　規	語	言
中　國　聲　韻　學	潘　重　規 陳　紹　棠	語	言
文　學　與　音　律	謝　雲　飛	語	言
還　鄉　夢　的　幻　滅	賴　景　瑚	文	學
葫　蘆　·　再　見	鄭　明　娳	文	學
大　地　之　歌	大地詩社	文	學
青　　春	葉　蟬　貞	文	學
比較文學的墾拓在臺灣	古添洪 陳慧　主編	文	學
從　比　較　神　話　到　文　學	古添洪 陳慧　洪樺	文	學
解　構　批　評　論　集	廖　炳　惠	文	學
牧　場　的　情　思	張　媛　媛	文	學
萍　踪　憶　語	賴　景　瑚	文	學
讀　書　與　生　活	琦　　君	文	學

滄海叢刊已刊行書目 (三)

書　　　　　　名	作　　者	類	別
不　疑　不　懼	王　洪　鈞	教	育
文　化　與　教　育	錢　　穆	教	育
教　育　叢　談	上官業佑	教	育
印　度　文　化　十　八　篇	糜　文　開	社	會
中　華　文　化　十　二　講	錢　　穆	社	會
清　代　科　舉	劉　兆　璸	社	會
世　界　局　勢　與　中　國　文　化	錢　　穆	社	會
國　　家　　論	薩孟武譯	社	會
紅　樓　夢　與　中　國　舊　家　庭	薩　孟　武	社	會
社　會　學　與　中　國　研　究	蔡　文　輝	社	會
我　國　社　會　的　變　遷　與　發　展	朱岑樓主編	社	會
開　放　的　多　元　社　會	楊　國　樞	社	會
社　會、文　化　和　知　識　份　子	葉　啓　政	社	會
臺　灣　與　美　國　社　會　問　題	蔡文輝 蕭新煌主編	社	會
日　本　社　會　的　結　構	福武直　著 王世雄　譯	社	會
三　十　年　來　我　國　人　文　及　社　會 科　學　之　回　顧　與　展　望		社	會
財　經　文　存	王　作　榮	經	濟
財　經　時　論	楊　道　淮	經	濟
中　國　歷　代　政　治　得　失	錢　　穆	政	治
周　禮　的　政　治　思　想	周　世　輔 周　文　湘	政	治
儒　家　政　論　衍　義	薩　孟　武	政	治
先　秦　政　治　思　想　史	梁啓超原著 賈馥茗標點	政	治
當　代　中　國　與　民　主	周　陽　山	政	治
中　國　現　代　軍　事　史	劉馥　著 梅寅生譯	軍	事
憲　法　論　集	林　紀　東	法	律
憲　法　論　叢	鄭　彥　棻	法	律
師　友　風　義	鄭　彥　棻	歷	史
黃　　帝	錢　　穆	歷	史
歷　史　與　人　物	吳　相　湘	歷	史
歷　史　與　文　化　論　叢	錢　　穆	歷	史

滄海叢刊已刊行書目 (二)

書　　名	作　者	類　　別
語　言　哲　　學	劉　福　增	哲　　　　學
邏　輯　與　設　基　法	劉　福　增	哲　　　　學
知識・邏輯・科學哲學	林　正　弘	哲　　　　學
中　國　管　理　哲　學	曾　仕　強	哲　　　　學
老　子　的　哲　　學	王　邦　雄	中　國　哲　學
孔　學　漫　　談	余　家　菊	中　國　哲　學
中　庸　誠　的　哲　學	吳　　　怡	中　國　哲　學
哲　學　演　講　錄	吳　　　怡	中　國　哲　學
墨　家　的　哲　學　方　法	鐘　友　聯	中　國　哲　學
韓　非　子　的　哲　學	王　邦　雄	中　國　哲　學
墨　家　哲　　學	蔡　仁　厚	中　國　哲　學
知　識、理　性　與　生　命	孫　寶　琛	中　國　哲　學
逍　遙　的　莊　子	吳　　　怡	中　國　哲　學
中國哲學的生命和方法	吳　　　怡	中　國　哲　學
儒　家　與　現　代　中　國	章　政　通	中　國　哲　學
希　臘　哲　學　趣　談	鄔　昆　如	西　洋　哲　學
中　世　哲　學　趣　談	鄔　昆　如	西　洋　哲　學
近　代　哲　學　趣　談	鄔　昆　如	西　洋　哲　學
現　代　哲　學　趣　談	鄔　昆　如	西　洋　哲　學
現代哲學述評(一)	傅　佩　榮譯	西　洋　哲　學
懷　海　德　哲　學	楊　士　毅	西　洋　哲
思　想　的　貧　困	章　政　通	思　　　　想
不　以　規　矩　不　能　成　方　圓	劉　君　燦	思　　　　想
佛　學　研　　究	周　中　一	佛　　　　學
佛　學　論　著	周　中　一	佛　　　　學
現　代　佛　學　原　理	鄭　金　德	佛　　　　學
禪　　　　話	周　中　一	佛　　　　學
天　人　之　際	李　杏　邨	佛　　　　學
公　案　禪　語	吳　　　怡	佛　　　　學
佛　教　思　想　新　論	楊　惠　南	佛　　　　學
禪　學　講　話	芝峯法師譯	佛　　　　學
圓滿生命的實現 （布　施　波　羅　蜜）	陳　柏　達	佛　　　　學
絕　對　與　圓　融	霍　韜　晦	佛　　　　學
佛　學　研　究　指　南	關　世　謙譯	佛　　　　學
當　代　學　人　談　佛　教	楊　惠　南編	佛　　　　學

書　　　　名	作　　者	類　　　　別
國父道德言論類輯	陳　立　夫	國　父　遺　教
中國學術思想史論叢㈠㈡㈢㈣㈤㈥㈦㈧	錢　　穆	國　　　　學
現代中國學術論衡	錢　　穆	國　　　　學
兩漢經學今古文平議	錢　　穆	國　　　　學
朱　子　學　提　綱	錢　　穆	國　　　　學
先　秦　諸　子　繫　年	錢　　穆	國　　　　學
先　秦　諸　子　論　叢	唐　端　正	國　　　　學
先秦諸子論叢（續篇）	唐　端　正	國　　　　學
儒學傳統與文化創新	黃　俊　傑	國　　　　學
宋代理學三書隨劄	錢　　穆	國　　　　學
莊　子　纂　箋	錢　　穆	國　　　　學
湖　上　閒　思　錄	錢　　穆	哲　　　　學
人　生　十　論	錢　　穆	哲　　　　學
晚　學　盲　言	錢　　穆	哲　　　　學
中國百位哲學家	黎　建　球	哲　　　　學
西洋百位哲學家	鄔　昆　如	哲　　　　學
現代存在思想家	項　退　結	哲　　　　學
比較哲學與文化㈠㈡	吳　　森	哲　　　　學
文化哲學講錄㈠㈡㈢㈣	鄔　昆　如	哲　　　　學
哲　學　淺　論	張　康譯	哲　　　　學
哲　學　十　大　問　題	鄔　昆　如	哲　　　　學
哲　學　智　慧　的　尋　求	何　秀　煌	哲　　　　學
哲學的智慧與歷史的聰明	何　秀　煌	哲　　　　學
內心悅樂之源泉	吳　經　熊	哲　　　　學
從西方哲學到禪佛教 ―「哲學與宗教」一集―	傅　偉　勳	哲　　　　學
批判的繼承與創造的發展 ―「哲學與宗教」二集―	傅　偉　勳	哲　　　　學
愛　的　哲　學	蘇　昌　美	哲　　　　學
是　與　非	張　身華譯	哲　　　　學